管理研究

2019 年第 1 辑

邓大松　向运华　主编

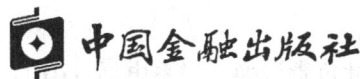

责任编辑：肖丽敏
责任校对：张志文
责任印制：陈晓川

图书在版编目（CIP）数据

管理研究.2019年.第1辑/邓大松，向运华主编.—北京：中国金融出版社，2019.10
ISBN 978-7-5220-0264-4

Ⅰ.①管… Ⅱ.①邓…②向… Ⅲ.①管理学—研究 Ⅳ.①C93

中国版本图书馆 CIP 数据核字（2019）第194005号

管理研究.2019年.第1辑
Guanli Yanjiu. 2019 Nian. Di 1 Ji

出版   中国金融出版社
发行
社址   北京市丰台区益泽路2号
市场开发部　（010）63266347，63805472，63439533（传真）
网上书店   http://www.chinafph.com
　　　　　（010）63286832，63365686（传真）
读者服务部　（010）66070833，62568380
邮编   100071
经销   新华书店
印刷   北京七彩京通数码快印有限公司
尺寸   169毫米×239毫米
印张   10.75
字数   151千
版次   2019年10月第1版
印次   2019年10月第1次印刷
定价   30.00元
ISBN 978-7-5220-0264-4
如出现印装错误本社负责调换　联系电话（010）63263947

目录
○○○ contents
（2019年第1辑）

001　刘　平　河北省典型城市公共设施建设评价
　　　王　晶　　　——基于石家庄、保定、唐山的实证研究
　　　付一帆

015　刘伟兵　对一种贪腐激励悖论的分析
　　　韩天阔　　　——基于博弈论的视角

025　袁春晓　财政性社会保障支出对城乡居民收入差距的
　　　边　恕　　　影响研究
　　　　　　　　　——以河南省为例

045　何　婧　多元需求视角下的辽宁省养老服务有效供给
　　　边　恕　　　体系研究

068　罗梅璇子　长期护理保险试点的居民认知、参保意愿及
　　　　　　　　影响因素研究
　　　　　　　　　——以湖北省荆门市为例

097　牟玲玲　我国住房市场结构与效率的相关性研究
　　　李　媛　　　——基于复合关联熵物元模型
　　　宫　正
　　　孙　铭

125	李成青 刘静远 梁少丽 谢洁华 陈泽鹏	商业银行信贷支持制造业发展路径研究 ——基于广东省制造业客户市场调查
147	郭慧婷 汤　朦	高管权力、内部控制与股价崩盘风险研究

河北省典型城市公共设施建设评价[*]
——基于石家庄、保定、唐山的实证研究

◎刘 平[1] 王 晶[2] 付一帆[2]

1 河北工业大学土木与交通学院，天津，300401；
2 河北工业大学经济管理学院，天津，300401

摘 要： 城市公共服务设施与居民利益紧密相关。河北省已进入城市化发展的加速时期，为了充分发挥公共服务设施的利用率，使居民能够公平均等地享用公共服务设施，研究公共服务设施科学合理的布局与规划显得尤为重要与迫切。本文利用 Arcgis 10.2 和数理统计工具，研究河北省典型城市的公共服务设施的空间分布以及公共设施服务的综合质量。以市域各街和乡镇为评价单元，运用潜能模型构建供给指数，借助 Hedonic 模型得到居民对各类公共服务的偏好参数，构建公共服务综合质量指数。结果发现，石家庄、保定、唐山三个城市有较明显的区域内差异，集中表现为城市中心比外围区域公共设施建设更完善，且服务质量呈圈层结构向外递减，居住在城市中心的居民生活更便利。建议提高公共服务供给比较充足区域的新增居住用地的容积率，加快公共服务供给不足区域的公共服务设施建设。

---

[*] 基金项目：河北省社会科学发展研究课题"河北省典型城市公共服务设施建设成效研究"（201701204）。

关键词： 公共设施　潜能模型　综合质量　居民偏好　可达性

随着经济的发展，城市规模不断扩大，城市化水平也不断提高，城市居民对物质及精神生活有了更高水平的追求，在党的十六大和十七大确立的全面建设小康社会目标的基础上，党的十八大报告提出：要根据我国经济社会发展的实际，确保到2020年实现全面建设小康社会的宏伟目标[1]。党的十九大报告指出：中国特色社会主义进入新时代，我国社会主要矛盾已经从人民日益增长的物质文化需要同落后的社会生产之间的矛盾转化为人民日益增长的美好生活需要和不平衡不充分的发展之间的矛盾。基本公共服务是人民群众应当享有的基本权利，同时也是经济和社会发展到一定阶段所产生的基本需求。

城市公共服务设施与居民利益紧密相关。公共服务设施的均衡性是城市生活品质、社会稳定的重要保障[2]，尤其现阶段城市化进程正在迅速推进，对城市公共服务设施进行深入研究显得尤为重要。随着京津冀协同发展政策的提出，河北省进入城市化发展的加速时期，城市人口规模、经济规模以及用地规模不断扩大，城市的公共服务设施难以满足居民需求。因此，为了充分发挥公共服务设施的利用率，使居民能够公平均等地享用公共服务设施，获得更高的生活质量，研究公共服务设施科学合理的布局与规划便显得尤为重要与迫切。

本研究依据社会公平原则、"以人为本"的原则以及"低成本，广覆盖"的原则，对石家庄、保定和唐山不同类型公共服务设施的供给质量进行评价，在公共服务设施的公平程度和空间分布上为河北省未来的发展和规划提出相关对策。

一、文献回顾

基本公共服务是在一定社会共识基础上，为适合经济建设水平和社会发展阶段，由政府导向建立的，国家义务且平等向所有居民提供的基本社会服务，它是保障国家稳定、平等人权、全体公民生存发展基本需求的基本社会条件[3-4]。基本公共服务包括满足基本民生需求的公共服务，如教育、医疗、就业等，还包括与人民生活环境紧密关联的交通、环保等公共服务，以及保障安全需要的公共安全、国防安全等领域的公共服务[5]。结合现有研究来看，基本公共服务可以划分为设施类和服务类（如社会保障）两大类[6-7]。本文研究对象为基本公共服务设施。

在量化分析城市公共服务质量的方法方面，学者们普遍认可两种计算方法：一种方法综合考虑了"位置"因素的空间"可达性"，另一种方法考虑了服务设施质量的异质性。其中"可达性"是衡量公共服务设施可得性的重要概念，最初的含义是空间上一个点到另一个点的难易程度。在实际研究中，学者会根据数据的可得性和精确性来确定可达性的计算方法[8]，国内学者中，李平华、陆玉麒、林康和宋正娜等也都针对可达性的具体算法做了较为全面系统的综述[9-11]。虽然方法多种多样，但学者们在度量和分析中普遍认为应该考虑空间因素进行测算。

已有研究成果多以某一区域内某一类公共服务设施为例。胡红等根据可达性潜能模型分析原理和层次分析法，运用Arcgis技术对研究区所有公园绿地的服务吸引力和服务状况进行评价[12]。施拓等以沈阳市为例，利用GIS技术，分别采用缓冲区分析法与网络分析法，对城市三环内公园绿地可达性进行对比分析[13]。汤鹏飞等综合考虑学校服务能力等级影响和居民极限出行时间的影响，改进了潜能模型，对湖北省仙桃市的小学空间可达性展开研究[14]。于珊珊等利用两步移动搜寻法评价了长沙市医院空间的可达性[15]。陶海燕等基于医患数量比构建医疗服务分布公平性指标，研究区域内居民享有的公共卫生服务公平性的空间分布[16]。金银日等以上海为研究区域，利用GIS技术对区域内公共体育设施空间可达性与公平性进行分析[17]。林康等基于可达性公平原理，提出了区域公共产品空间公平性的定量评价方法。王远飞等实证分析了GIS技术在公共服务设施公平分布规划及布局优化领域的应用[18]。王松涛等通过研究发现城市公共服务设施空间分布对商品房价格具有差异化影响[19]。基于GIS的空间可达性研究已广泛应用于公共服务设施的布局选址与供给质量评价研究中，城市公共设施可达性既是体现城市公共设施社会公平性和合理性的重要指标，也为城市规划和管理提供了科学依据和评价标准[20]。

现有研究中考虑系统性综合指标的研究较少，少数代表性研究如高军波等针对广州市进行的分析，在分项指标综合方面采用的是直接求和的方式[21]。本文采用潜能模型对河北省典型城市石家庄、保定、唐山公共设施进行可达性分析，借鉴张英杰构建公共服务综合质量指数的方法，对这三个城市的公共设施服务质量进行评价。

二、研究区域与数据来源

河北省省会石家庄是河北省政治经济文化中心。保定是对外开放城市、全国首个创新驱动发展示范市，与北京、天津构成黄金三角。唐山是京津唐工业基地中心城市、京津冀城市群东北部副中心城市。三者都是环首都经济圈的重要组成部分，第一、第二、第三产业产值增幅可观，城市发展迅速，因此，各类公共服务设施的建设能否满足随着城市发展人们日益增长的物质文化需求是需要重视的问题。

本文研究的空间范围：（1）石家庄主城区，即长安区、桥西区、裕华区、新华区，62个街及乡镇政府，54所重点中小学，13家三级以上医院，40座公园绿地，16座文化休闲设施（博物馆、图书馆、美术馆、科技馆等），公交站点887个。（2）保定主城区，即竞秀区、莲池区，28个街及乡镇政府，29所重点中小学，6家三级以上医院，19座公园绿地，3座文化休闲设施（博物馆、图书馆、美术馆、科技馆等），公交站点566个。（3）唐山主城区，即路南区、路北区，23个街及乡镇政府，29所重点中小学，7家三级以上医院，11座公园绿地，6座文化休闲设施（博物馆、图书馆、美术馆、科技馆等），公交站点453个。本文以街道为最小单元研究对象，以街道行政中心代替人口重心。

本文数据来源于各市2016年统计年鉴、政务公开网、卫生局网站及教育局网站、2010年第六次人口普查等。

三、研究方法

本文构建公共服务设施单项供给指数，对居民偏好进行量化估计以及构建综合质量指数。首先，在供给方面采用潜能模型，计算公共服务设施的可达性，公式如下：

$$A_i = \sum_{j=1}^{n} A_{ij} = \sum_{j=1}^{n} \frac{M_j}{D_{ij}^{\beta}} \tag{1}$$

式中，A_i表示某类公共设施的可达性水平，本文用它来表示某类公共服务设施单项供给指数，M_j表示某类公共服务设施的服务规模，D_{ij}表示i点和j点之间的出行阻抗因子（距离或时间），β为出行摩擦系数。

在居民偏好量化分析时，运用特征价格（Hedonic）模型，公式如下：

$$\ln P = \ln \alpha + \beta_1 X_1 + \beta_2 X_2 + \cdots + \beta_n X_n + \varepsilon \tag{2}$$

系数β_i表示住宅价格P对住宅属性X_i的弹性，即X_i增加1%住宅价格P增加的百分比。对数形式解决了住宅属性边际收益不变的局限。ε为随机误差项。X_1、X_2、X_3、X_4、X_5分别为通过潜能模型得出的教育、医疗、公园绿地、文化设施和交通五类公共服务设施的供给指数。

通过潜能模型只能得到5类公共服务设施（教育设施、医疗设施、公园绿地设施、文化设施、交通设施）的分项供给指数，而要对城市公共服务设施进行全面评价，要综合考虑居民对不同公共服务的偏好差异，不能简单加总。借助上述特征价格回归方程偏好分析估计得到的参数，对第一步测算出的分项供给指数以式（3）进行加权，由此构建"公共服务综合质量指数"——B_i。

$$B_i = \frac{\beta_1 A_{i1} + \beta_2 A_{i2} + \beta_3 A_{i3} + \beta_4 A_{i4} + \beta_5 A_{i5}}{\beta_1 + \beta_2 + \beta_3 + \beta_4 + \beta_5} \tag{3}$$

这项综合指数依据居民偏好的特点，综合了不同维度的公共服务供给水平，能够更加客观全面地反映城市内不同区位的居民生活质量总体水平[24]。

四、结果分析

（一）石家庄、保定、唐山公共服务设施分布情况

获取教育设施、医疗设施、文化设施、公园绿地设施、交通设施这5类

公共服务设施的地理坐标,并运用 Arcgis 10.2 生成矢量图(图1、图2、图3)。石家庄、保定、唐山三座城市中,居民在市区二环以内聚集,二环外居民聚集点减少,三座城市二环以外居民数分别约占研究区域总人口的22.7%、14.64%、3%。人口密度高的街道分布范围较广,人口密度低的区域多集中在城市边缘地带。与此同时,医疗设施、教育设施、公园绿地设施、文化设施也多分布在市区内,近居民点的位置。

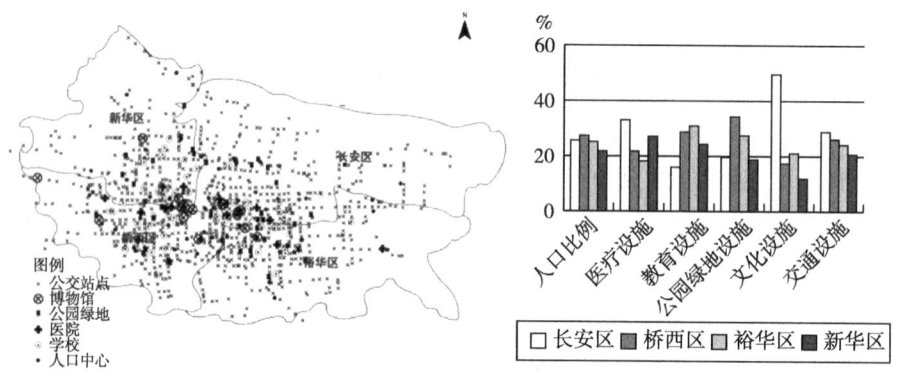

图1　石家庄人口及设施分布

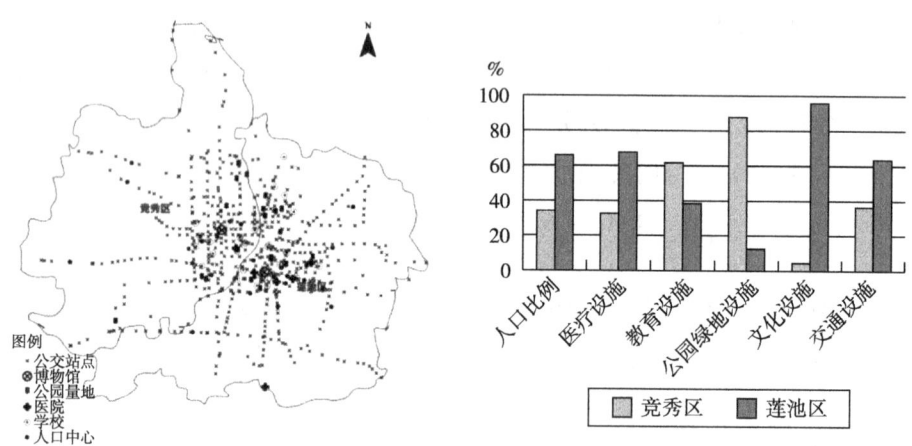

图2　保定人口及设施分布

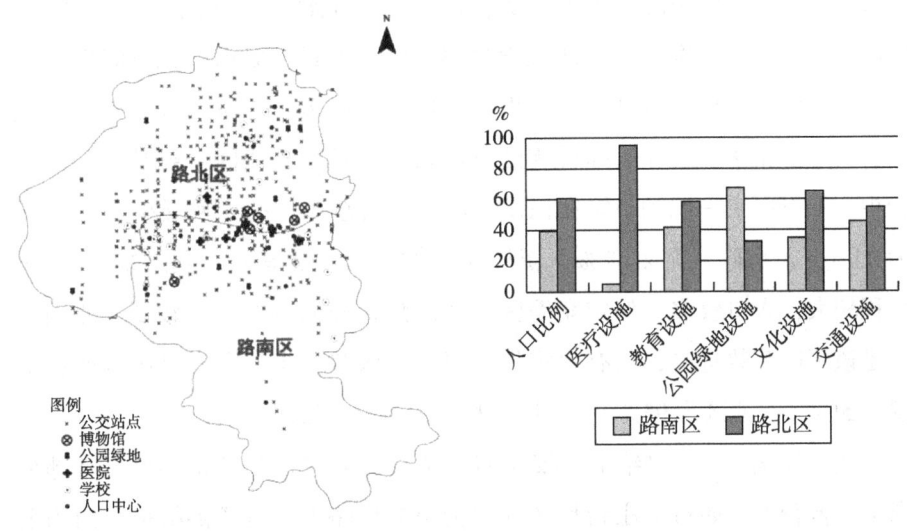

图3　唐山人口及设施分布

总体来看，石家庄和保定人口分布相对均匀，差异不明显。而唐山人口分布不均匀，路南区人口数量约为总人数的33%，路北区为67%，差异明显。从各类公共设施供给规模和供给质量看，同一个区域，各类设施供给规模不协调，每个区域都存在供给上的短板。如石家庄的长安区，文化设施、交通设施、医疗设施数量分布最多，但是教育设施数量最少。保定的竞秀区公园绿地设施分布较莲池区多，但是教育设施、医疗设施、文化设施和交通设施都比莲池区少。唐山的路南区教育设施和公园绿地设施分布最多，而文化设施、交通设施和医疗设施分布数量最少。

（二）石家庄、保定、唐山公共服务设施可达性

运用潜能模型计算出各城市教育设施、医疗设施、交通设施、公园绿地设施和文化设施的空间可达性，反映其供给水平的大小。石家庄、保定、唐山的5类公共服务设施供给指数空间分布总体上呈现圈层结构。供给指数较高的区域多分布于城区中心，供给指数普遍较低的区域为城郊和人口密度稀疏的地区，这意味着相比市中心的居民而言，城郊地区的居民为获得公共服务的距离更长，可达性更差，并且获得的设施服务质量较低。

医疗设施方面，供给指数较高的区域多分布于医院密集区域，如石家

庄医大三院、市中医院、医大二院、省人民医院附近，保定的省人民第六医院、保定市第一医院、河北大学附属医院等附近，唐山七家三级以上医院附近供给指数也比较高。供给指数较低的区域多位于医院分布稀疏的地区，石家庄裕华区整体医疗设施的供给指数较低，其原因主要是医院数量较少，只有医大一院和市第四医院，床位数占总床位的比例最少（长安区为33.1%，桥西区为21.7%，新华区为27.1%，裕华区为18.1%），区域面积较大，人口较多。保定竞秀区整体医疗设施的供给指数较低，原因主要是该区医院数量少，只有保定先进卫生科医院，床位数占总床位的比例仅为5%（莲池区为95%），区域面积较大，人口较多。

教育设施方面，供给指数较高的区域主要分布在学校密集处，有部分街道相差较大。如石家庄新华区五七街与合作路街，后者供给指数约为前者的25倍，桥西区长兴街与维明街，后者为前者的200多倍，其余差异不大，整体分布较均匀；而长安区整个区域内水平相差较大，如青园街和南村镇供给指数相差近30倍，供给指数较低的街道和乡镇数量最多，裕华区情况与长安区相似。保定莲池区整体供给指数较高，整个区域内除二环以外的几个居民点供给指数较低外，二环以内有部分区域相差较大，如莲池区南关街与裕华街，后者约为前者的105倍，竞秀区韩村乡与新市场街，后者约为前者的70倍，新市场街和裕华街供给指数最高，其余差异不大，整体分布较均匀。唐山教育设施供给指数形成以两个圈层向外扩散的结构，在教育可达性上两个区域相差不大。

绿地设施方面，公园绿地供给指数在每个行政区域内形成圈层结构并逐步向外扩散，供给指数逐步降低。供给指数较高的几个区域，都有一个共同特点，即离该地不远处就有公园。石家庄供给指数较低的区域分布于东二环以外，主要是西兆通镇、南村镇、宋营镇、太行街、长江街附近。保定供给指数较低的区域分布于西二环以外和东二环以外人口较稀疏的区域，主要是大马坊乡、南奇乡、江城乡、五尧乡、百楼乡、东金庄乡附近。唐山供给指数较低的区域分布于稻地镇、光明街道、梁家屯街道、惠民道街道、友谊街道等。这些供给指数较低的区域附近，公园绿地设施的数量为0，距离其余公园绿地距离较大，所以空间可达性较低，在其附近居住的居民享受公园绿地服务较困难。

文化设施方面，文化设施（博物馆、科技馆、美术馆、图书馆等）供给指数形成以此类设施聚集地为中心向外扩散的圈层结构。石家庄文化设施（博物馆、科技馆、美术馆、图书馆等）供给指数以新华区、桥西区、长安区交界为中心向外扩散，供给指数较低的区域分布在留营街道、方村镇、大郭镇、西兆通镇、长江街道、太行街道、宋营镇、杜北乡、南村镇、五七街道等边缘区域，离市中心较远；保定以两区交界为中心向外扩散，供给指数较低的区域分布在江城乡、大马坊乡、南奇乡、百楼乡、五尧乡、焦庄乡、东金庄乡等边缘区域。唐山供给指数较低的区域分布在稻地镇、河北路街道、光明街道、友谊街道、龙东街道等文化设施分布较少的区域，离市中心较远，而文化设施集中分布于市区中心，主要是因为市区建成较早，文化设施多建在交通方便、人口集中的地方。

交通设施方面，供给指数也呈现圈层结构。离市中心越远，供给指数越低，其可达性越低。石家庄供给指数较低的区域分布在北苑街道、建华南街道、长兴街道、五七街道、大郭镇、长江街道、太行街道、方村镇、南村镇、杜北乡，均位于二环外；保定供给指数较低的区域分布在二环外，如大马坊乡、焦庄乡、五尧乡、东金庄乡；唐山供给指数较低的区域分布在路南区南部（稻地镇、女织寨乡）和路北区东北部（龙东街、河北路街）外。可见，交通设施分布较多会使市区建设更完善、成熟，而偏远区域（城郊）的可达性较低，影响生活在该区域居民的生活便利性。

综上可以看出，在城市中心及各类公共服务设施分布较多的地方，设施建设更完善，居民享有各种设施提供的服务更便利，而在城市边缘，设施建设不完善，影响居民生活的便利性。

（三）考虑居民偏好的城市公共服务设施综合质量指数构建

运用式（2）和式（3）计算反映石家庄、保定和唐山的公共服务设施供给情况的公共服务综合质量指数（见表1、表2、表3）。通过比较发现，综合供给水平较高的街道明显集中在内城，且呈圈层结构向外扩展。石家庄综合指数最高的前10名分别是新石街道、建安街道、合作路街道、青园街道、槐底街道、北苑街道、裕强街道、东风街道、联盟街道、宁安街道，均分布于二环以内；综合指数最低的10个街道分别是南村镇、太行街道、长江街道、西兆通镇、杜北乡、方村镇、大郭镇、谈固街道、五七街道、桃园镇，其中有两个位于二环以内（谈固街道和桃园镇），其余8个位于二环以外。保定综合指数最高的8个街道分别是裕华街道、永华街道、和平里街道、红星街道、新市场街道、中华路街道、杨庄乡街道、西关街道；综合指数最低的8个街道分别是颉庄乡、南奇乡、东金庄乡、焦庄乡、江城乡、百楼乡、五尧乡、大马坊乡，其中有1个离市中心较近（颉庄乡），其余7个位于城市外围区域。唐山综合指数最高的6个街道分别是友谊街道、惠民街道、文北街道、小山街道、乔屯街道、光明街道，均分布于路南区和路北区的交界附近；综合指数最低的6个街道分别是稻地镇、女织寨乡、梁家屯街、钓鱼台街、缸窑街和河北路街道，其中只有梁家屯街位于路南区路北区交界附近，其余5个均分布于离两区交界比较远的位置。

表1　　　　　　　　　石家庄公共设施综合供给指数

街道	综合供给指数	街道	综合供给指数	街道	综合供给指数
中山东路街道	0.12226	维明街道	0.15965	裕强街道	0.18037
青园街道	0.19357	东里街道	0.09936	槐底街道	0.18112
河东街道	0.12415	新石街道	0.25613	建通街道	0.05963
阜康街道	0.09667	友谊街道	0.14589	建华南街道	0.11065
建安街道	0.25374	振头街道	0.07534	裕翔街道	0.09462
胜北街道	0.04896	西里街道	0.05525	宋营镇	0.13047
建北街道	0.09667	苑东街道	0.14211	裕东街道	0.09599
育才街道	0.05755	长兴街道	0.04745	方村镇	0.02534
长丰街道	0.04748	留营街道	0.05013	中山街道	0.15777
广安街道	0.09922	南长街道	0.08534	裕西街道	0.08595
跃进街道	0.06113	休门街道	0.10823	红旗街道	0.07367
谈固街道	0.03885	东华街道	0.08395	石岗街道	0.08559
桃园镇	0.04365	东风街道	0.17880	天苑街道	0.08298
高营镇	0.15102	彭后街道	0.07461	五七街道	0.03935

续表

街道	综合供给指数	街道	综合供给指数	街道	综合供给指数
西兆通镇	0.01311	汇通街道	0.07572	西苑街道	0.11581
南村镇	0.00689	赵陵铺镇	0.11595	新华路街道	0.09844
太行街道	0.01147	东焦街道	0.13645	大郭镇	0.02821
长江街道	0.01152	革新街道	0.14430	西三庄乡	0.14930
裕华路街道	0.08318	合作路街道	0.19765	杜北乡	0.02036
东苑街道	0.15767	联盟街道	0.17473	北苑街道	0.18052
裕兴街道	0.14119	宁安街道	0.16571		

表2　　　　　　　　保定公共设施综合供给指数

街道	综合供给指数	街道	综合供给指数	街道	综合供给指数
先锋街道	0.01585	大马坊乡	0.00098	红星街道	0.05395
新市场街道	0.04737	和平里街道	0.06740	裕华街道	0.14877
东风街道	0.03725	五四路街道	0.00773	永华街道	0.10804
建南街道	0.00981	西关街道	0.04159	南关街道	0.01535
韩村北路街道	0.01730	中华路街道	0.04495	杨庄乡	0.04242
颉庄乡	0.00722	东关街道	0.02127	南大园乡	0.00784
富昌乡	0.00992	韩庄乡	0.00839	焦庄乡	0.00399
韩村乡	0.03383	东金庄乡	0.00449	五尧乡	0.00228
南奇乡	0.00521	百楼乡	0.00267	联盟街道	0.03585
江城乡	0.00283				

表3　　　　　　　　唐山公共设施综合供给指数

街道	综合供给指数	街道	综合供给指数	街道	综合供给指数
学院南路街道	0.08677	稻地镇	0.00985	河北路街道	0.17731
友谊街道	0.05825	女织寨乡	0.06133	龙东街道	0.54579
广场街道	0.27099	乔屯街道	0.72083	大里街道	0.08557
永红桥街道	0.24162	文化路街道	0.18765	光明街道	0.05300
小山街道	0.52731	钓鱼台街道	0.15578	翔云街道	0.28119
文北街道	0.48673	东新村街道	0.45737	果园乡	0.34461
梁家屯街道	0.24120	缸窑街道	0.24723	高新区	0.15667
惠民道街道	0.05497	机场路街道	0.17924		

由此可见，区域和区域之间的公共服务设施的供给水平存在较大差异，石家庄综合供给水平最高的新石街道的综合供给指数与综合供给指数最低的南村镇相差37倍，保定综合供给水平最高的裕华街道的综合供给指数与综合供给指数最低的大马坊乡相差152倍，综合供给水平最高的友谊街道的综合供给指数与综合供给指数最低的稻地镇相差60倍。区域之间的公共服务设施供给水平存在较大差异，市区居民所享有的服务更全面，而城郊处居民所享有的公共服务设施受到限制。

五、结论

本文对城市公共服务基础设施供给水平进行测算，并将其与居民需求水平进行匹配分析，客观评价了城市公共基础设施提供的服务质量，对提高城市整体综合公共服务质量和城市规划科学选址具有重要意义。基于Hedonic特征价格模型得到居民需求偏好，本文对分项供给指标进行组合，构建了公共服务综合质量指数，以此来评价城市公共服务的质量。研究区域为石家庄市中心城4区62个街道、保定中心城2区28个街道、唐山中心城2区23个街道。本文分析了三个城市街道层面公共服务设施的供需匹配情况，研究结果表明：三个城市公共服务设施存在供需不匹配问题，供给指数的分布呈圈层结构，城市内部以及中心区域供给比城市外部边缘地区更加充分；人口分布密集的街道，公共服务供给相对不足的问题较为严重。

针对上述问题，政府在城市的未来发展和规划上应注重以下两点：（1）对于公共服务供给比较充足的区域，将低密度居住用地进行再开发，提高新增居住用地的容积率，使该区域能容纳更多的人口居住，提高公共服务设施的利用效率及服务水平。（2）对于公共服务供给不足的区域，应该加快公共服务设施的建设，增加公共服务设施的数量，尤其是当前人口密集以及未来重点发展的区域。

本文为分析城市内的公共服务供需匹配提供了一个相对的评价标准，着重分析城市内部各个街道之间的相对差异，而非绝对差异；进一步精确量化合理的供需匹配水平，可能需要对居民主观满意度进行问卷调查，同时在研究居民需求时,考虑不同年龄对不同公共设施的差异度来评价需求水平。

参考文献

[1] 李建国. 全面建成小康社会的历史演进与现实路径 [J]. 学术探索, 2016 (12): 7-11.

[2] 黎婕, 冯长春. 北京城市公共服务设施空间分布均衡性研究 [J]. 地域研究与开发, 2017 (3): 71-77.

[3] 翟羽佳. 河南省 2011 年基本公共服务均等化水平测度与分析 [J]. 地域研究与开发, 2013 (5): 57-61.

[4] 张琦. 山西省基本公共服务对商品住宅价格的影响 [D]. 太原: 山西财经大学, 2016.

[5] 张波. 大型保障性住区基本公共服务满意度评价研究 [D]. 南京: 东南大学, 2016.

[6] 马慧强, 韩增林, 江海旭. 我国基本公共服务空间差异格局与质量特征分析 [J]. 经济地理, 2011 (2): 212-217.

[7] 韩增林, 李彬, 张坤领. 中国城乡基本公共服务均等化及其空间格局分析 [J]. 地理研究, 2015 (11): 2035-2048.

[8] 张英杰, 张原, 郑思齐. 基于居民偏好的城市公共服务综合质量指数构建方法 [J]. 清华大学学报 (自然科学版), 2014 (3): 373-380.

[9] 李平华, 陆玉麒. 城市可达性研究的理论与方法评述 [J]. 城市问题, 2005 (1): 69-74.

[10] 林康, 陆玉麒, 刘俊, 等. 基于可达性角度的公共产品空间公平性的定量评价方法——以江苏省仪征市为例 [J]. 地理研究, 2009 (1): 215-224, 278.

[11] 宋正娜, 陈雯, 张桂香, 等. 公共服务设施空间可达性及其度量方法 [J]. 地理科学进展, 2010 (10): 1217-1224.

[12] 胡红, 赖鑫生, 谭国律. 基于可达性分析视角的城市公园绿地服

务评价与优化 [J]. 江苏农业科学, 2016 (12): 230 - 235.

[13] 施拓, 李俊英, 李英, 等. 沈阳市城市公园绿地可达性分析 [J]. 生态学杂志, 2016 (5): 1345 - 1350.

[14] 汤鹏飞, 向京京, 罗静. 基于改进潜能模型的县域小学空间可达性研究——以湖北省仙桃市为例 [J]. 地理科学进展, 2017 (6): 697 - 708.

[15] 于珊珊, 彭鹏, 田晓琴, 等. 基于 GIS 的长沙市医院空间布局及优化研究 [J]. 长沙大学学报, 2012 (2): 90 - 94.

[16] 陶海燕, 徐勇. 广州市海珠区公共医疗卫生服务的公平性研究 [J]. 疾病监测, 2007 (6): 408 - 411.

[17] 金银日, 姚颂平, 刘东宁. 基于 GIS 的上海市公共体育设施空间可达性与公平性评价 [J]. 上海体育学院学报, 2017 (3): 42 - 47.

[18] 王远飞, 张超. GIS 和引力多边形方法在公共设施服务域研究中的应用——以上海浦东新区综合医院为例 [J]. 经济地理, 2005 (6): 800 - 803, 809.

[19] 王松涛, 郑思齐, 冯杰. 公共服务设施可达性及其对新建住房价格的影响——以北京中心城为例 [J]. 地理科学进展, 2007 (6): 78 - 85, 147 - 148.

[20] 朱华华, 闫浩文, 李玉龙. 基于 Voronoi 图的公共服务设施布局优化方法 [J]. 测绘科学, 2008 (2): 72 - 74.

[21] 高军波, 周春山, 叶昌东. 广州城市公共服务设施分布的空间公平研究 [J]. 规划师, 2010 (4): 12 - 18.

对一种贪腐激励悖论的分析
——基于博弈论的视角

◎刘伟兵　韩天阔

武汉大学政治与公共管理学院，湖北武汉，430072

摘　要：贪腐是关系到政府官员廉政作风建设的一个关键问题。本文以理性经济人假设为前提，将纪检监察组织与政府官员作为博弈的双方，通过构建博弈模型分析政府官员贪腐与纪检组织监察的激励选择，结果表明：提高纪检监察组织的执法力度对于反腐和廉政作风建设具有积极的作用。基于此，建议加大对纪检组织失职行为的处罚力度和对各级权力机关人员执法的监督力度，建立政府政务公开机制，健全反腐倡廉法律法规制度体系。

关键词：贪腐　反腐　博弈论　廉政作风建设

一、引言

官员的贪腐问题伴随政府权力执法而来，直接影响到政府的公众形象和政策执行效果，是各国政府长期以来致力但又无法解决的普遍难题。近年来，网络在监督贪腐问题方面发挥了巨大作用，民众在此问题上的讨论白热化，进一步影响到政府其他政策的实施效果。

贪腐产生之初，社会各界就分别从理论和实践方面探讨应对策略。理论上的研究者最早可以追溯到Becker，他通过构建关于一组政策变量的犯罪损失函数，得出决定处罚与执法的最优配置[1]。随后，Rose-Ackerman、Cadot等学者对贪腐的原因及根除贪腐的方法进行了研究[2]，他们和后来的众多国外学者研究提出了各种消除贪腐的措施，如效率工资、教化等，希望以此来减少贪腐的发生[3]。我国的反腐倡廉思想源远流长，早在封建时代就有倡导廉政之风的经典思想，比如儒家思想的核心"仁"和"礼"，以及孔子的"为政以德"，主要强调提高执法者自身的道德修养，但由于法律约束力低，反腐效果不明显[4]。当前国内学者主要从政治学、经济学和法学视角研究反腐问题，内容主要集中于政治制度、法制与民主、权力监督、廉政队伍素质、经济理性等方面[5]。如王明高在《科学制度反腐论》一书中，从政治学的角度分析了我国历代反腐措施的缺陷，提出建立科学的制度体系是防止权力腐化的唯一正确选择[6]；胡鞍钢的《中国：挑战腐败》主要从经济学角度出发，研究腐败产生的原因及危害，并提出了防治腐败的国家战略、重大政策和综合措施[7]。

中华人民共和国成立以来，党和政府高度重视廉政作风建设，一直将其作为党的工作重点。由于我国实施政务公开、群众监督等反腐措施所需要的环境建设不足，因此，在反腐实践中，加大对贪腐者的惩罚力度往往成为各方反腐的第一反应。但实践证明，加大对贪腐者的惩罚力度并没有从根本上防止贪腐的发生，政府官员的贪腐现象依然屡禁不止。鉴于此，党的十八届三中全会强调"权力运行制约和监督体系"的建设和"建设廉洁政治，努力实现干部清正、政府清廉、政治清明"的目标，势将反腐进行到底。

针对反贪腐最直接、最有力的措施来自纪检组织，纪检组织对政府官员贪腐的监督惩罚力度加大，政府贪腐现象就相应减少，纪检组织工作人员不作为，贪腐现象则相应增多，即政府官员的贪腐概率取决于其对纪检组织反腐强度的预期。同时，纪检组织的反腐强度又取决于官员的贪腐概率。这正是一个政府官员与纪检组织追求自身利益最大化的理性博弈过程。本文通过建立政府官员与纪检组织的博弈模型，来分析政府官员贪腐与纪检组织监察的激励选择。

二、贪腐博弈模型的构建及分析

为了从经济博弈论的视角对贪污腐败的内在机理进行分析，本文首先假定博弈的双方都是完全理性的，即理性经济人能够对复杂的决策过程进行推理，追求利润最大化是其行动目标[8]。一般来说，博弈模型主要包括博弈人、策略集和收益三要素，由于政府官员的贪腐会受到纪检组织的监察，因此，本文将政府官员和纪检组织作为博弈的双方。政府官员有"贪腐"和"不贪腐"两种行为选择，相应地，纪检组织有"监察"和"不监察"两种行为选择。一些贪腐的政府官员迟迟不能立案，或者被查出有贪腐行为的官员在很多年以前就受到群众举报，其原因可能是纪检组织监察不力或消极监察所致，这里也可将"积极监察"和"消极监察"作为纪检组织的两种行为选择。

在确定博弈双方及其策略集之后，继续确定博弈双方的收益。政府官员有贪腐和不贪腐两种选择，政府官员的贪腐会面临纪检组织监察的风险。如果贪腐行为未被发现，贪腐官员便获得赃款赃物，若被发现则其在被没收赃款赃物的同时还会面临牢狱之灾或其他法律惩罚。为了便于分析贪腐行为屡禁不止的内在机理，本文需要对纪检组织作出两个假定：（1）只要纪检组织选择"监察"或"积极监察"，官员的贪腐行为就会被查出，相反，若纪检组织选择"不监察"或"消极监察"，则官员的贪腐行为就不会被查出；（2）纪检组织的不作为会面临失职或渎职的风险，即如果纪检组织积极监察查出政府官员贪腐行为，则属于尽职尽责、尽职在岗，而如果纪检组织消极监察导致贪腐官员逍遥法外，造成国家和人民利益的损失，就属于失职渎职，组织成员面临被解雇的惩罚。基于纪检组织与政府官员之间有一定的相关关系，本文认为作出以上两点假定也属合理。

假设贪腐赃款赃物的价值为 V，如果政府官员选择不贪腐，其收益为零，如果选择贪腐则面临两种情况：当纪检组织不监察时，便能获得价值为 V 的赃款赃物；当纪检组织监察时，被没收赃款赃物并受到法律严惩，

令 L 为由法律严惩没收财物的价值。而对于纪检组织而言,如果其选择监察,则表明尽职尽责,因而不受任何惩罚,也不获得任何额外收益,其收益为零;如果选择不监察也面临两种情况:当政府官员贪腐时,组织成员可能由于失职渎职面临被解雇的风险,设其受损的利益为 P;当政府官员不贪腐时,纪检组织不但不会遭遇失职渎职的惩罚,相反会因为没有付出监察的工作成本而获得比较收益,假定该比较收益为 U。于是,可以得到政府官员贪腐与纪检组织监察之间的博弈模型,如表1所示。

表1　　　　　　　　　　贪腐与监察的博弈模型

		纪检组织	
		监察	不监察
政府官员	贪　腐	$-L$, $\underline{0}$	$\underline{V}$, $-P$
	不贪腐	$\underline{0}$, 0	0, $\underline{U}$

基于以上贪腐与监察的博弈模型,利用划线法可知该博弈不存在纯策略纳什均衡,而且进一步分析发现:当政府官员选择贪腐时,纪检组织的最优选择是监察,而当纪检组织选择监察时,政府官员的最优选择为不贪腐;继续这个过程,当政府官员选择不贪腐时,纪检组织的最优选择为不监察,而当纪检组织选择不监察时,政府官员的最优选择便为贪腐,这样循环反复,博弈双方都不会选择固定的策略,而且博弈中的任何一方都不能让对方预先知道自己的策略选择,只能以随机的方式来进行策略选择,而且这种随机的概率不能给对方可乘之机最终从中获益。

进一步研究该博弈模型的混合策略纳什均衡。设 p_G 为政府官员选择贪腐行为的概率,则选择不贪腐时的概率为 $1-p_G$,作为理性的经济人,政府官员不会让纪检组织利用自己的策略选择而占优,即政府官员贪腐的概率会使纪检组织选择监察或不监察这两种策略的期望收益相等,从而有:

$$(-P) \cdot p_G + U \cdot (1 - p_G) = 0$$

由此可得,
$$p_G = \frac{U}{U+P}$$

同理,设 p_D 为纪检组织选择监察的概率,完全理性的纪检组织也不会让政府官员利用自己的策略选择而有机可乘,从而政府官员在贪腐与不贪腐两种策略选择之间的期望收益相等，于是有：

$$(-L) \cdot p_D + V \cdot (1 - p_D) = 0$$

化简即得，

$$p_D = \frac{V}{V + L}$$

由此可知，政府官员会以 $(\frac{U}{U+P}, \frac{P}{U+P})$ 的概率分布随机选择贪腐和不贪腐行为，而纪检组织会以 $(\frac{V}{V+L}, \frac{V}{V+L})$ 的概率分布随机选择监察和不监察行为。此时，博弈双方都不能通过改变自己的行为选择而提高收益，因此就构成了贪腐与监察博弈模型的一个混合策略纳什均衡，此时政府官员的期望收益为

$$(-L) \cdot p_D + V \cdot (1 - p_D) = V - (V + L) \cdot p_D$$

同样地，纪检组织的期望收益为

$$(-P) \cdot p_G + U \cdot (1 - p_G) = U - (U + P) \cdot p_G$$

三、贪腐与监察的激励选择

从前面的分析可以看出，在政府官员以概率 $p_G = \frac{U}{U+P}$ 选择贪腐行为，纪检组织以概率 $p_D = \frac{V}{V+L}$ 选择监察时，博弈中的任何一方都不能通过改变策略选择使自己的利益有帕累托改进，从而双方行为选择达到一种均衡状态，即混合策略纳什均衡。下面将研究加大对政府官员贪腐行为的惩罚力度或加大对纪检组织不监察行为（或消极监察行为）的处罚力度对防止贪腐是否具有激励作用。

（一）加大贪腐惩罚的"激励悖论"

加大对政府官员贪腐行为的惩罚会使 L 变大，为了考察 L 增大对博弈双方经济人行为选择的影响，需要利用政府官员的收益函数 $(-L) \cdot p_D + V \cdot (1 - p_D)$，由于该收益函数是 $-L$ 和 V 两点之间的一个凸组合，因此采用图解分析的方法会更加清楚和直观。如图1所示，横坐标表示纪检组织选择监察的概率，纵坐标表示政府官员选择贪腐的收益，由于政府官员选择不贪

腐的收益为零,因此政府官员选择贪腐的收益也就是其期望收益。从图1中容易看出,连接 V 与 $-L$ 直线上任何一点代表了当纪检组织选择某一监察概率时政府官员相应的期望收益,这条直线与横轴的交点即为均衡点 $P_D = \dfrac{V}{V+L}$,从图1也可以看出均衡状态的整个形成过程。下面我们增大 L,在图1中表现为 $-L$ 向下移动到 $-L'$,由于纪检组织不会马上改变其概率选择,即其选择监察的概率会保持不变,此时,政府官员选择贪腐的收益小于零,图1中 A 点出纵坐标的取值即为其收益,从而政府官员会选择不贪腐。但是经过长期的博弈,由于政府官员一直选择不贪腐会使不监察成为纪检组织的最优选择,于是纪检组织会逐渐降低监察的概率直到 p'_D,达到新的均衡状态,此时政府官员选择贪腐的期望收益又恢复到零,从而开始重新进行策略选择。由于政府官员的概率选择为 $p_G = \dfrac{U}{U+P}$,不受 L 值变化的影响,因此加大对政府官员贪腐行为的惩罚力度,短期可能对贪腐行

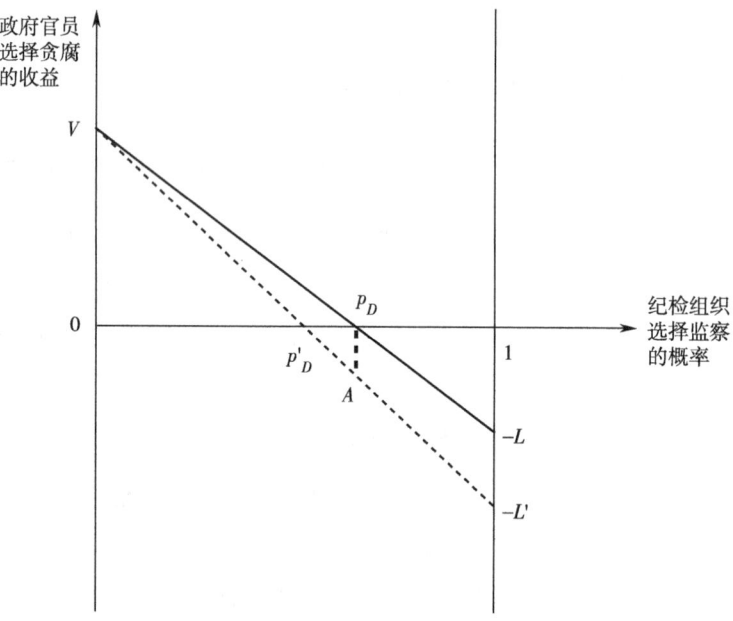

图1 纪检组织的策略选择

为有威慑作用,但从长期来看并不能抑制其贪腐行为的发生,这就是贪腐与监察中存在的"激励悖论",也从根本上解释了面临贪腐行为的法律严惩为什么总有政府官员铤而走险及贪腐行为屡禁不止的内在逻辑。

(二) 加大纪检组织不监察处罚力度的激励选择

同理,我们再来分析加重对纪检组织不监察、消极监察等失职行为的处罚如何影响博弈双方行为选择。如图2所示,加重对纪检组织不监察行为的处罚在图2中意味着从 $-P$ 向下移动到 $-P'$,同样由于政府官员选择贪腐的概率会保持不变,因此纪检组织不监察的期望收益为负,因此理性的纪检组织会选择监察。随着不断的博弈,一段时间之后,面对纪检组织的监察行为,政府官员会相应地转而选择不贪腐,长期下去会降低政府官员选择贪腐的概率直到 p'_G,达到新的均衡状态,此时,纪检组织不监察的期望收益为零,从而重新开始其随机的策略选择。由于纪检组织的概率选择为 $p_D = \dfrac{V}{V+L}$,不受 P 值变化的影响,因此,加重对纪检组织不监察行为的处罚从本质上不会改变纪检组织监察行为的概率选择,但从长期来看确实会降低政府官员贪腐的概率,从而有效抑制贪腐行为的发生。

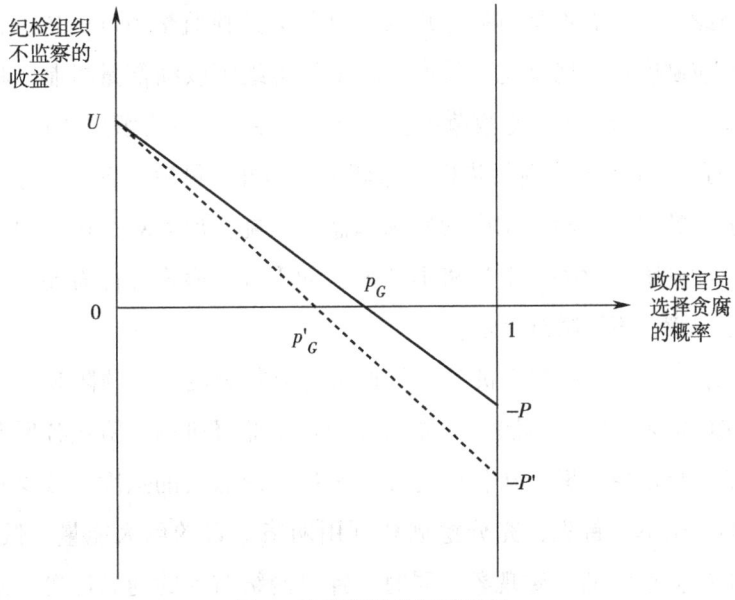

图2 政府官员的策略选择

由此可见，加大对政府官员贪腐行为的惩罚不会从根本上抑制贪腐行为的发生，反而会使纪检组织更倾向于选择不监察的策略；相反，如果加大对纪检组织不监察或不作为等失职行为的处罚则会降低政府官员贪腐发生的概率，对抑制贪腐行为具有积极的作用。

四、结论与政策建议

本文构建了政府官员与纪检监察组织两者之间的博弈模型，分别分析了政府官员贪腐和纪检组织失职行为的激励选择，研究结果表明：加大对政府官员贪腐行为的惩罚力度在长期内并不能减少政府官员的贪腐现象，而加大对纪检组织的监督或失职的处罚，长期内虽然不能让其更加尽职尽责，但却能有效减少政府官员贪腐行为发生的概率。因此，我们将加大对纪检组织不监察或消极监察的失职行为的处罚作为反腐的首要选择。在此基础上，理论与实践相结合，给出以下政策建议。

第一，加大对纪检组织不监察或消极监察的失职行为的处罚，这是上述理论证明的反腐的首要有力措施。首先，健全纪检组织内部制度，制定科学可行的执法标准，建立长期有效的机制，对贪腐现象以预防为主，做到长期持续监察，而不是将社会反映强度作为选择监察力度的依据，纪检组织工作应制度化、规范化。其次，改革纪检组织政绩衡量机制，将群众满意度作为重要指标纳入考察范围，注重社会效用，着力解决"形象工程""政绩工程"，并且细化衡量指标，保证可操作性。最后，将政绩考核结果向社会公开的同时，辅以相应的奖励和惩罚措施，加大对纪检组织监察或积极监察的激励。此外，上述奖励和惩罚的手段、形式等都需要以法律的形式加以保障，不可随意为之。

第二，加大对各级权力机关人员执法的监督力度，是预防政府官员贪腐最直接的措施。完善体制内和体制外的双重监督机制，防止各反腐措施出现短期效果现象，努力在长期内提高纪检组织监察的强度，减少政府官员贪腐的发生率。首先，充分挖掘和利用网络监督的巨大能量，低成本、高效率地挖掘隐匿的贪腐现象。同时，针对网络监督的随意性等缺陷，政府应制定相关法律，将网络监督法治化、规范化。其次，新闻媒体一直是监督贪腐的中坚力量，但由于受到各方面的制约，其巨大潜力并没有得到充分发挥，政府应以立法形式保证新闻媒体的独立性，使其敢于讲真话，做真实报道。再次，完善举报制度，提供群众举报投诉的途径，如设立投诉电话、信箱等，建立相应的快速处理机制，将处理结果及时反馈给举报者或向社会公布，同时要保证群众监督激励机制的建立和投诉反馈的安全，这是群众监督力量得以发挥的关键环节。最后，建立体制内的监督机制，使横向和纵向监督相结合，制定并实施切实可行的责任追究制度，使内部监督真正发挥实效，不再是一句空谈。

第三，建立政府政务公开机制。党的十八届三中全会强调，让人民监督权力，让权力在阳光下运行，是"把权力关进制度笼子"的根本之策。政务公开既可以表达政府廉政作风建设的诚意，又可以让群众看到政府的真实工作状态。首先，适当扩大政府政务公开的范围和内容，尤其在群众关注密切、迫切需要解决的问题上和在群众信任度低的机构中尽量做到政务公开[9]。同时，以立法形式将政务公开范围、内容及实施过程等方面规范化，为政务公开的持续进行提供有力的法律保障。其次，在不涉及国家机密的前提下，尽量加大政府信息的流通和利用率，尤其在涉及民众切身利益的内容上，如养老保险个人账户，做到信息透明，让群众了解自己的信息状态，同时也为社会监督和进言建策提供可靠的资料和依据。

第四，健全反腐倡廉法律法规制度体系，为反腐提供法律保障。目前，我国反贪腐法律体系基本建立起来，并在一定程度上抑制了贪腐现象的发生，但是具体的相关法规还有待完善。一是相关法律法规大都属于原则性的规定，缺乏可操作性。二是法律规定的贪腐惩罚力度小，贪腐成本低。三是我国的反贪腐制度更多的限定在党内制度上，而真正属于法律范畴内的具有普适性的反贪腐法律法规相对比较薄弱，如果党内制度不能及时转化为国家的法律法规，将削弱这些制度的权威性，也将无法增强这些制度对权力运行的强制性和约束力[10]。法律法规的漏洞可能成为政府官员权力滥用和反腐监察组织不作为的温床。完善法律法规，使其真正发挥对政府官员贪腐的威慑作用,并为各种反腐措施发挥实效提供保证,这是国家反贪腐之路的基础。

由于纪检组织庞大,权责不明可能导致纪检组织的失职行为或对纪检组织的监督不易被认定或量化,本文根据研究结果所给出的建议并不一定能防止贪腐行为的发生,但在逻辑上会降低长期贪腐发生的概率,同时也会使我们更加重视纪检组织在抑制贪腐不正之风方面所发挥的积极作用。只要合理引导便能充分发挥纪检组织的优势,然后配合其他防腐手段,如提高政府官员思想道德素质、减少行政干预权力等,将会大大降低贪腐发生的概率,为廉洁政府的建设提供有力的保障。

参考文献

[1] 程振源. 西方腐败经济学综述 [J]. 国外社会科学, 2006 (5): 31 - 36.

[2] 程振源. 执法腐败的博弈模型 [J]. 新西部, 2007 (16): 101 - 102.

[3] 董志强, 刘婷. 腐败与反腐: 经济博弈分析与政策含义 [J]. 重庆工学院学报, 2004, 18 (5): 53 - 55.

[4] 朱文伟. 浅析中国特色反腐倡廉道路的理论深渊 [J]. 南昌教育学院学报: 理论与实践, 2013, 28 (4): 1 - 2.

[5] 余玖玖. 浅析我国反腐防腐的理论研究与对策 [J]. 求实, 2008 (2): 36 - 37.

[6] 王明高. 科学制度反腐论 [M]. 北京: 党建读物出版社, 2009.

[7] 胡鞍钢. 中国: 挑战腐败 [M]. 杭州: 浙江人民出版社, 2001.

[8] 谢识予. 经济博弈论 [M]. 上海: 复旦大学出版社, 2012.

[9] 梁亚静, 李长青, 杨菁. 加强政务公开对预防政府官员腐败的意义——基于博弈论视角的解释 [J]. 内蒙古工业大学学报, 2012, 31 (1): 75 - 80.

[10] 郭晓果. 我国反腐败法律体系现状和缺陷 [J]. 经济研究导刊, 2008 (9): 181 - 183.

财政性社会保障支出对城乡居民收入差距的影响研究*
——以河南省为例

◎袁春晓 边 恕

辽宁大学人口研究所,辽宁沈阳,110136

摘 要:本文从理论和实践角度考察河南省财政性社会保障支出和城乡收入差距的现状和关系。基于河南省2000—2016年的数据,根据社会保障支出、城乡收入分配的相关理论,通过建立VaR模型和运用Eviews软件分析河南省财政性社会保障支出对城乡居民收入差距的影响。分析结果表明:财政性社会保障支出是城乡基尼系数的Granger原因,说明社会保障支出不仅没有降低城乡收入差距,反而加剧了城乡收入分配差距。脉冲响应分析结果显示,随着财政性社会保障支出的增加,城乡基尼系数呈先逐渐降低,而后增长,最后逐渐下降的趋势。因此,不仅应增加社会保障支出的总量,还应对社会保障支出进行合理分配。建议在农村地区提高社会保

---

* 本文为教育部人文社科重点研究基地重大项目"养老保险城乡统筹政策优化研究——基于养老金与财政动态契合的视角"(14JJD630012)、辽宁省"百千万人才工程"资助项目"辽宁省人口老龄化、社会保障与财政补贴的动态契合机制研究"(辽百千万立项2015-37)、辽宁省教育厅高等学校创新人才项目"基于老年多元需求的社会养老服务有效供给体系研究"(WR2016009)研究成果。

障的支出力度，并从重视民生的角度优化财政结构，建设多层次的社会保障体系，切实提高农民收入和生活水平。

关键词： 社会保障　财政性社会保障支出　城乡居民收入分配差距

关于财政性社会保障支出对城乡收入差距的影响学界看法不一。古典经济学家们认为，财政性社会保障并不能起到缩小城乡收入差距的作用[1]；凯恩斯主义学者们则认为，财政性社会保障支出可以降低城乡居民收入差距，但起到的作用是非常有限的[2]；旧福利经济学家们对财政性社会保障支出缩小城乡居民差距一直持有怀疑态度，认为财政性社会保障支出是不可能降低收入差距的[3]；供给学派的观点认为，财政性社会保障支出不仅不能缩小收入差距，反而会扩大差距，并且扩大财政性社会保障支出会导致自愿性的失业[4]。

一、文献综述

（一）国外文献综述

Michael 和 Martin 通过实证研究认为，导致城乡居民收入差距扩大的原因不是财政性社会保障支出的城乡差别，而是经济发展的模式[5]。Jesuit 和 Mahler 通过分析英国、法国和德国的财政性社会保障支出与城乡居民收入差距的关系发现，前者会对后者起到抑制作用，并且降低收入差距的作用比税收还要大[6]。但是 Carlo 和 Stefano 基于意大利 1990—2011 年的数据，利用 VaR 分析认为，意大利的财政社会保障支出导致收入差距的扩大[7]。Cuyvers 和 Rayp 通过收集比利时的数据分析养老金对收入差距的影响发现，财政性社会保障支出不但没有向贫困人群倾斜，反而更多地投向了中等收入人群，因此对城乡收入差距起到了反向调节的作用[8]。

（二）国内文献综述

财政性社会保障支出对城乡收入差距的影响也受到国内学界的长期关注，大部分学者的研究结果证明财政性社会保障支出有助于减少城乡收入差距，前者的再分配作用以及调节收入差距的作用还是比较显著的。

孙文基和李建强利用相关数据分析认为，社会保障支出的增加不能缩小城乡收入差距，相反会加大差距[9]。丁少群和许志涛基于我国1978—2010年的年度时间序列数据，认为我国社会保障水平与收入分配之间虽然存在长期均衡关系，但是当前社会保障在收入分配领域起到的调节作用很小，甚至存在一定程度的逆向调节效应[10]。王增文和何冬梅研究认为，社会保障支出加剧了收入差距[11]。郑功成认为财政性社会保障支出对城乡居民收入调节具有不可忽视的作用[12]。高霖宇在对一些发达国家的财政性社会保障水平与收入差距问题进行研究时发现，当财政性社会保障支出水平较高时，居民收入差距呈现出递减的趋势，表明财政性社会保障支出发挥了再分配的作用，对于调节城乡居民收入差距具有积极正向作用[13]。杨风寿和沈默通过收集我国近20年的数据，从众多方面考察社会保障支出水平与城乡居民收入差距的关系，结果显示，2007年之前，前者对后者具有反向调节作用，但是2007年之后，前者呈现出对城乡居民收入差距的降低作用[14]。

(三) 国内外研究述评

目前，国外研究者对财政性社会保障支出与城乡收入差距关系的研究结论各有不同，主要原因可能是由于数据的统计口径不一样，以及所采用的理论模型不同，其根源是各国对财政性社会保障支出的定义不同。国内学者对于该问题的研究结论也存在不同观点，普遍得出的结论是前者的增加会降低后者的差距，说明财政性社会保障支出的再分配作用不容忽视，财政性社会保障支出对城乡收入差距的影响机理是十分明显的。但是，另一部分学者通过深入研究发现，财政性社会保障支出与城乡居民收入差距的关系在不同经济发展水平的地区是有差异的，例如，有些经济较发达地区的社会保障支出总量却比经济欠发达地区要低，并且社会保障政策导向性对二者的关系影响较大[15-16]。事实上，我国学者对两者关系的研究在时间、数据统计、研究方向和研究方法上存在差异，导致在研究结论的有效性方面仍存在分歧[17]。

二、相关概念的界定

本文研究财政性社会保障支出对城乡收入分配的影响,在利用具体数据进行分析之前,有必要对相关概念进行更深入的解释,从而为分析结果、相关结论及建议提供理论依据。

(一) 财政性社会保障支出

社会保障的主体是各级政府和社会,手段是各项税收等,目的是通过再分配的方式为低收入者提供经济援助[18]。

世界各国关于社会保障支出的统计内容各有差异,根据我国的支出统计口径,社会保障支出主要分为两部分:一部分为财政性社会保障支出,另一部分为社会保险基金支出。本文分析所运用的数据是前一部分,即财政性社会保障支出,其主体是各级政府,对象是全体国家居民,依据是社会保障相关法律法规,目的是保障人民生活水平,原则是公平、平等。

各国对财政性社会保障支出的统计项目不同,我国财政性社会保障支出的统计内容主要包括以下三个部分:抚恤和社会福利救济费用、社会保障补助费用及行政事业单位离退休费用。

(二) 城乡居民收入分配

城乡居民收入分配研究的是城镇居民与农村居民收入差距的问题,关于城乡居民收入分配差距的度量,目前主要从绝对值和相对值两方面来考察。以河南省为例,城乡居民收入分配差距的绝对值是指某一相同时期城镇居民人均可支配收入与农村居民人均可支配收入相减的差值,相对值即两者的比值,如城乡收入比。但是我们在实际分析时,常常使用其他经过复杂计算的度量方式,如城乡泰尔指数、城乡基尼系数,这些数据经过一定的理论验证对于我们分析问题更有帮助。本文用城乡基尼系数来度量城乡居民收入分配差距。

三、现状分析

(一) 河南省财政性社会保障支出现状

截至 2017 年末，河南省社会保障总体运行状况良好，2000—2016 年，河南省财政性社会保障支出总量逐年增加（见图 1），无论是在总量还是在社会保障水平上，总体都呈现明显上升的趋势。2016 年全省财政性社会保障支出总额达到 1067 亿元，增长达到了前所未有的高度。

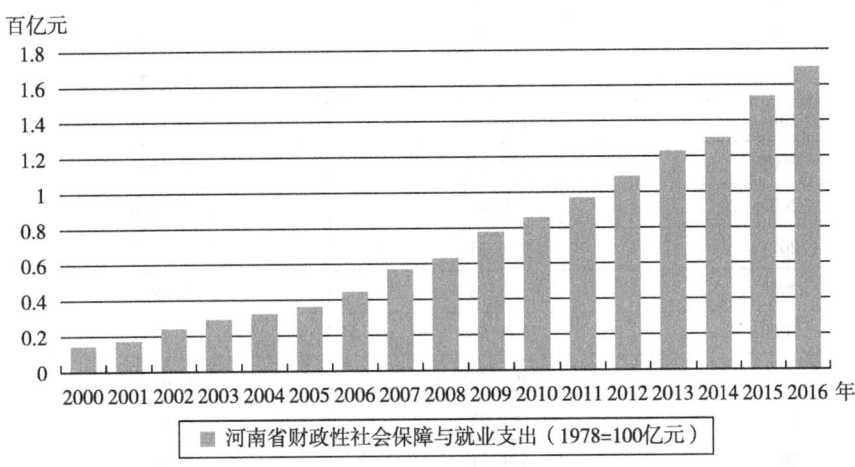

图 1 河南省财政性社会保障与就业支出

1. 财政性社会保障支出总量

本文研究的对象之一是河南省财政性社会保障支出，从总量来说，从 2000 年至 2016 年一直是增长的（见表 1）。从绝对数来看，2000 年的支出总量为 63.09 亿元，到 2002 年突破百亿元，2006 年达到 200 亿元，2016 年超过千亿元大关，2016 年的支出总额是 2000 年的 17 倍。从相对数来看，2000 年的数值为 0.1454 亿元，2016 年为 1.7010 亿元，尽管剔除了物价指数的影响，2016 年仍为 2000 年的 12 倍，说明河南省财政性社会保障支出确实有较大增长，但与我国的平均水平和发达省份相比仍有较大的差距：一方面，河南省的经济发展虽然取得巨大进步，但与发达省份的差距依然比较大，因此财政性社会保障支出总额受到较大的限制；另一方面，河南省是一个农业大省,农村居民占比较大,而目前的社会保障制度主要向城镇居民倾斜。因此对于河南省而言,继续扩大财政性社会保障支出和重视农村地区社会保障支出尤为关键。

表1　　　　　　　　河南省财政性社会保障支出

年份	财政性社会保障支出总量绝对值（亿元）	财政性社会保障支出总量相对值（1978=100亿元）
2000	63.09	0.1454
2001	75.97	0.1738
2002	104.96	0.2421
2003	128.46	0.2928
2004	147.08	0.3226
2005	168.06	0.3622
2006	209.87	0.4456
2007	281.22	0.5697
2008	330.23	0.6319
2009	403.62	0.7777
2010	461.22	0.8603
2011	547.96	0.9698
2012	631.61	1.0895
2013	731.41	1.2297
2014	790.87	1.3036
2015	945.83	1.5374
2016	1067.40	1.7010

2. 财政性社会保障支出水平

社会保障支出水平的衡量指标有多种,本文用社会保障支出与财政支出或者GDP的比值来表示,目的是衡量财政性社会保障支出是否合理,从而判断是否应对社会保障制度、支出水平以及支出结构进行相应的调节。根据收集到的数据计算（见表2）,从2000年开始财政性社会保障支出与财政支出的比值大体上呈逐渐下降的趋势,2000年财政性社会保障支出占财政支出总额的57.97%,而2016年仅占财政支出总额的31.32%,虽然河南省财政性社会保障支出总量在逐年增加，但是支出水平确实随着经济的发展呈现下降趋势。另外，财政性社会保障支出占 GDP 的比重也表现出逐年下降的趋势，2000 年的比值为 0.2415，2016 年比值仅为 0.1345，远远低于 30% 的合理水平。通过数据分析我们发现，河南省财政性社会保障支出水平较低，并且储蓄量将进一步提高，居民消费水平将持续下降，结果会严重影响经济的发展，进而影响财政性社会保障支出总量，导致恶性循环的局面。因此必须加大支出总量，否则会对人民的基本生活保障产生巨大影响。

从具体数据可以看出，财政性社会保障支出水平并没有按照正常的情况发展，不仅没有增加反而有所下降，因而必须深化改革社会保障制度以及合理调整社会保障支出结构。

表2　　　　　　　　河南省财政性社会保障水平

年份	财政性社会保障支出/财政支出	财政社会保障支出/GDP
2000	0.5797	0.2415
2001	0.5520	0.2198
2002	0.5051	0.1791
2003	0.4634	0.1496
2004	0.4490	0.1488
2005	0.4283	0.1419
2006	0.4087	0.1359
2007	0.3909	0.1312
2008	0.3742	0.1259
2009	0.3483	0.1127
2010	0.3533	0.1225
2011	0.3472	0.1260
2012	0.3331	0.1226
2013	0.3269	0.1237
2014	0.3188	0.1231
2015	0.3249	0.1379
2016	0.3132	0.1345

3. 财政性社会保障支出的增长率

历年数据表明,河南省财政性社会保障支出总额持续增加,从图2可知,2000—2016年河南省财政性社会保障支出增长率起伏较大,但2008年之前增长率较大,其中2002年的增长率高达39.27%,2008年以后增长率有所缓慢,2014年增长率约为6%。随着社会保障制度的不断发展,财政性社会保障支出增长率逐渐减少,也可能呈现不变的状态。但就河南省的情况而言,社会保障支出水平远远低于30%,增长率反而逐年下降,这是不合理的状态。并且河南省经济发展状况良好,正常情况下随着经济的增长财政性社会保障支出应该与经济呈正向变化,但事实与之相反,这再次证明了目前河南省社会保障支出严重滞后,并且存在恶化的趋势。

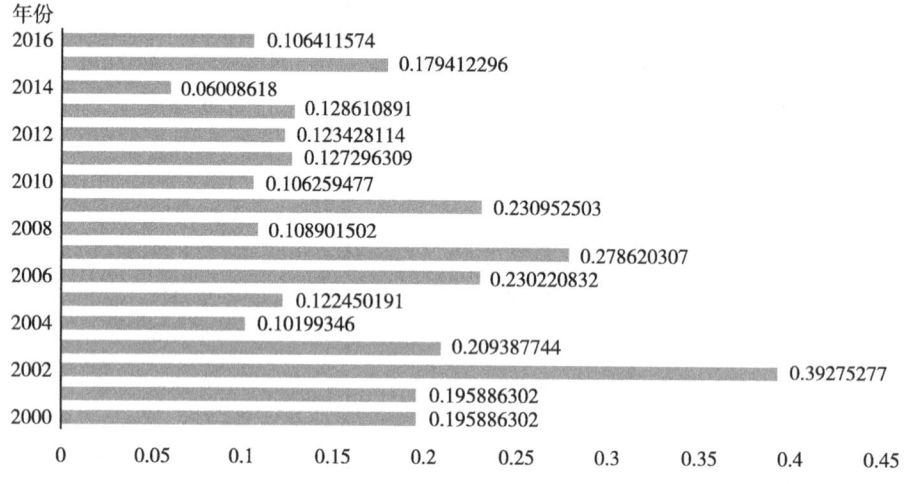

图2　河南省财政性社会保障支出增长率

(二) 河南省城乡居民收入差距现状

目前,河南省经济发展势头良好,人民的整体生活水平不断提高,农村居民的收入水平也达到了前所未有的高级。从图3可知,2000年城市居民人均可支配收入仅为4766.26元,2016年达到27232.92元,经过十几年的发展增加了将近5倍之多;同时农村居民人均纯收入在2000—2016年从1985.82元增加到了11696.74元,也增加了接近5倍。虽然从增长的速度来看城镇与农村的增长倍数相同,但城乡居民收入差距却在逐渐增大。从表面上看,城乡居民收入差距问题并没有对社会造成影响,但实际上城乡居民收入差距逐渐拉大已经阻碍了居民消费的增加。

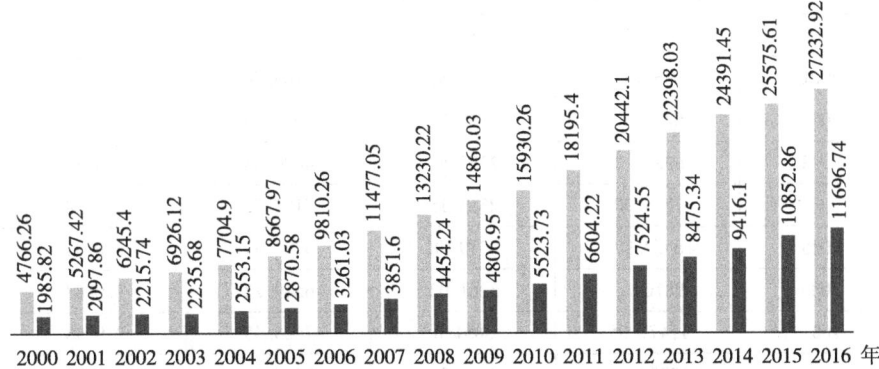

图3 河南省城乡居民人均收入情况

1. 城乡居民收入差距水平比较

2000年以来,河南省城乡居民收入都有不同程度的提高,但是提高的幅度存在差别,且二者之间的差距不断扩大(见表3),2000年城乡居民收入差距仅为2780.44元,而2016年二者的差距增加到了15536.18元,增长了4倍之多。但实际上差距可能更大,原因是我们统计的数据仅包含城镇居民人均可支配收入,属于城镇居民的其他福利并没有被纳入统计的范畴,如关于住房的补贴、看病的医疗补贴等,而衡量农村居民收入所使用的数据是农村居民人均纯收入,并没有扣除需要上缴的生产资料等费用,如果按照上述统计计算,二者的差距不止15536.18元。

从城乡居民收入比来看,2000—2006年,河南省城乡收入比从2.4001增长到了3.0083,2006—2016年下降到2.3282。实际上,收入比要小于统计数据。

表3　　河南省城乡收入比

年份	城镇居民人均可支配收入（上年=100元）	农村居民人均纯收入（上年=100元）	城乡收入差距	城乡收入比
2000	4766.26	1985.82	2780.44	2.4001
2001	5267.42	2097.86	3169.56	2.5108
2002	6245.40	2215.74	4029.66	2.8186
2003	6926.12	2235.68	4690.44	3.0979
2004	7704.90	2553.15	5151.75	3.0178
2005	8667.97	2870.58	5797.39	3.0195
2006	9810.26	3261.03	6549.23	3.0083
2007	11477.05	3851.6	7625.45	2.9798
2008	13230.22	4454.24	8775.98	2.9702
2009	14860.03	4806.95	10053.08	3.0913
2010	15930.26	5523.73	10406.53	2.8839
2011	18195.40	6604.22	11591.18	2.7551
2012	20442.10	7524.55	12917.55	2.7167
2013	22398.03	8475.34	13922.69	2.6427
2014	24391.45	9416.1	14975.35	2.5903
2015	25575.61	10852.86	14722.75	2.3565
2016	27232.92	11696.74	15536.18	2.3282

2. 城乡居民恩格尔系数比较

德国统计学家恩格尔通过大量的研究得出恩格尔系数，它表述的是食品消费额占总消费支出的比例[19]。研究统计数据表明，恩格尔系数越低，表示当地居民生活水平越高，恩格尔系数为30%～40%表明生活情况为富裕状态。表4给出了2000—2012年河南省恩格尔系数的变动情况，可以看出河南省城镇居民恩格尔系数并不稳定，但是波动的幅度相对较小，均在32.9%～35.1%波动，既没有大幅下降也没有上升，说明2000年以来河南省城市居民的生活质量呈现富足的状态；而2000年农村居民的恩格尔系数高达49.7%，这说明在一段时间内，农村居民的生活状态仅仅处于温饱层面，直到2007年恩格尔系数首次下降到38.0%，此时农村居民生活水平达到了小康水平，比以往有了较大的提升，到 2012 年恩格尔系数下降到 33.8%，2000—2012 年该系数总计下降了 16 个百分点。尽管从恩格尔系数看不出城乡居民有较大的收入差距，但可以看出无论是城镇居民还是农村居民生活都达到了较高的水平。

表 4　　　　全国与河南省城乡居民恩格尔系数　　　　单位：%

年份	城镇居民恩格尔系数（河南）	农村居民恩格尔系数（河南）	城镇居民恩格尔系数（全国）	农村居民恩格尔系数（全国）
2000	33.9	49.7	39.3	49.0
2001	34.2	48.6	38.3	47.6
2002	33.7	48.0	37.5	46.1
2003	33.6	48.2	37.0	45.5
2004	35.1	48.6	37.6	47.1
2005	34.2	45.4	36.6	45.4
2006	33.1	40.9	35.7	43.0
2007	34.6	38.0	36.2	43.1
2008	34.8	38.3	37.8	43.6
2009	34.2	36.0	36.4	41.0
2010	32.9	37.2	35.6	41.2
2011	34.1	36.1	36.2	40.3
2012	33.6	33.8	36.1	39.2

与全国平均水平相比，河南省城镇居民的恩格尔系数更低，2000 年农村地区该系数与全国水平相差不多，但是截至 2012 年与全国平均水平相比有了较大幅度的下降，说明河南省农村居民的生活水平比全国平均水平有了很大程度的提高。

3. 城乡居民基尼系数

城乡基尼系数是衡量城乡居民收入差距的一种重要工具，通过这一数据我们可以了解目前城乡居民的收入状况，为今后制度以及政策的制定和实施提供重要依据。从表 5 可以看出，2000—2009 年河南省的城乡基尼系数呈递增趋势，2009—2016 年呈逐渐下降的趋势，总体往好的方向发展，但是我们必须认识到目前这一系数仍然较大，并且略低于全国水平。近年来，河南省出台了众多提高农村居民收入的政策法规，农村社会保障制度已覆盖全省，虽然支出总量有所提升，但项目有待进一步完善。另外，我们必须注意到，之所以河南省城乡基尼系数有所下降，很大一部分原因在于河南是一个农业大省，大量农民进城务工，虽然收入有所增加，但是很多农民工没有养老保险、工伤保险、失业保险等，目前基尼系数的下降不代表以后不会上升。因此，应从制度上解决这个问题。

表5　　　　　　　　全国与河南省城乡居民基尼系数

年份	城乡基尼系数（河南）	城乡基尼系数（全国）
2000	0.1883	0.2506
2001	0.2037	0.2599
2002	0.2370	0.2754
2003	0.2645	0.2824
2004	0.2619	0.2794
2005	0.2652	0.2786
2006	0.2666	0.2797
2007	0.2657	0.2796
2008	0.2656	0.2762
2009	0.2747	0.2738
2010	0.2584	0.2636
2011	0.2472	0.2541
2012	0.2426	0.2490
2013	0.2352	0.2414
2014	0.2292	0.2347
2015	0.2065	0.2294
2016	0.2018	0.2194

四、基于VaR的河南省财政性社会保障支出对城乡居民收入差距的影响分析

（一）财政性社会保障支出的测定

社会保障支出一般包括财政性社会保障支出、社会保险和社会保障补

助三大类，本文研究的对象之一是财政性社会保障支出，即中央和地方财政对社会保障的支出总额。本文从多个角度衡量财政性社会保障支出。首先，对财政性社会保障支出进行统计时，可以用其支出总量来衡量，支出总量还可以分为绝对数与相对数（剔除物价指数的影响）；其次，可以用支出水平来衡量，例如，将财政性社会保障支出总额与一国或地区的 GDP 相比较，或者与财政支出总量进行比较；最后，可以用替代率来衡量。无论用哪种方法进行度量，都可以体现财政性社会保障支出的现状。一般情况下，我们在衡量财政性社会保障支出时采用狭义范围内的总量，广义的财政性社会保障支出还包括对教育的投入、对住房的补贴金、对交通的补贴等。

本文采用的数据均来自统计局官网中历年统计年鉴，即中央和地方财政在社会保障与就业方面的支出（2007 年将就业支出纳入社会保障支出的范畴）。

（二）城乡居民收入差距的统计指标

现有研究对城乡居民收入差距的测量方法很多，最简单的衡量方法是将城镇居民的人均可支配收入与农村居民的人均纯收入进行比较，计算出来的数值我们称为城乡收入比。此外，还可以用城乡基尼系数来衡量，这种方法在测算的过程中使用了更多的变量，逻辑性、严谨性也更强一些。当然，还有在数据分析中经常使用的城乡泰尔指数，使用该指数比使用城乡基尼系数更为严谨，因为计算过程中所使用的指标多，考虑的因素更多。本文所使用的指标为最常用的城乡基尼系数，原因是该指标使用的范围较广，使用争议较小，数据也比较容易收集。本文计算城乡基尼系数的数据来源为历年统计年鉴。

（三）模型的建立及指标的选择及来源

1. 模型的建立

向量自回归（VaR）模型是经济学中常用的模型之一，VaR 模型的运用使很多研究更加严谨，也使很多预测更加可靠。该模型是建立在统计数据的基础上的，它的理论基础是将统计得到的所有内生变量作为模型中全部内生变量的滞后值，通过建立相关函数构造该模型，可以将只含有一个变量的自回归类推到由多个变量组成的时间序列模型中，这种方法可操作性较强。

经济学中首次使用 VaR 模型的是经济学家西姆斯，1980 年他在对变量之间关系进行研究时第一次提出该模型。VaR 模型主要的分析对象是时间序列，主要的适用范围是分析变量之间的相互关系以及一个变量对另一个变量的冲击反应。

2. 指标的选择及指标的来源

财政性社会保障支出所包含的范围较广，目前各个国家的统计口径存在差异，例如，有些国家的财政性社会保障支出中包含就业支出、社会保险的补助等，而一些国家的统计范围包括行政事业单位离退休的支出，本文按照一般中国统计年鉴中的数据进行指标选择。

随着时代的发展，社会保障的统计口径不断变化，2000—2006 年社会保障支出单独统计，自 2007 年起社会保障与就业支出共同统计。因此，2007 年以后本文采用社会保障与就业支出数据代替社会保障支出数据。本文分析数据时采用社会保障与就业支出的增长率进行 VaR 分析，为了使分析结论更加严谨、有说服力，剔除了物价指数的影响，并且为了与经济发展初期的社会保障水平进行对比，在剔除物价指数时选择以 1978 年为基期。

本文将城乡基尼系数作为城乡收入差距的估计统计指标。其中，城乡基尼系数 $GN = [(RS-1)C(1-C)] / [(RS-1)C+1]$，$RS = U/R$。其中，$RS$ 为河南省城乡人均收入比，U 为城镇居民人均可支配收入，R 为农村居民人均纯收入，C 为城镇人口与全国人口的比值。

本文所采用的数据来自《河南统计年鉴 2018》，但值得注意的是，自 2007 年开始财政性社会保障支出的统计口径将财政对就业的支出归入其中。另外，本文使用 Eviews 8 进行检验。

(四) 基于 VaR 模型的实证分析

VaR 模型的原理是用当期的变量进行回归来预测变量间的关系，是一种动态模型。VaR（p）模型的数学表达式为

$$y_t = \phi_1 y_{t-1} + \cdots + \phi_p y_{t-p} + H x_t + \varepsilon_t t = 1, 2, \cdots, k$$

其中，y_t 代表 d 维内生变量列向量，x_t 代表 k 维外生变量列向量，p 代表滞后阶数，k 代表样本数，ε_t 代表 k 维扰动列向量。

1. 单位根检验

单位根检验的最终目的是排除伪回归的时间序列，因为如果所研究的时间序列存在单位根即存在伪回归状态，那么分析是没有意义的。本文采用 ADF 方法分别对 CZSB、GN 进行单位根检验，关于变量是否存在截距和趋势项，根据 AIC、SC、HQ 准则判断，检验结果如下：

表6 变量的一般性质统计

变量	CZSB	GN
Mean	0.170503	0.241999
Median	0.128611	0.247175
Maximum	0.392753	0.274651
Minimum	0.060086	0.188296
Std. Dev	0.082252	0.027370
Observations	17	17

表7 单位根检验

变量	ADF 检验结果		
	ADF 值	检验形式（c, t, L）	结论
CZSB	−4.147680**	c, t, 2	平稳
GN	−3.631400***	c, t,, 1	平稳

注：c、t 分别代表常数项和趋势项；L 为滞后阶数；***、**、* 表示变量分别在 1%、5%、10% 的显著性水平下平稳。

由表7单位根检验结果可知：在 Level 检验时，在 5% 的显著水平下 CZSB 的 ADF 值 −4.147680 < −3.791172（5%），即拒绝原假设，变量平稳；在 10% 的显著水平下，GN 的 ADF 值 −3.631400 < −3.324976（10%），即拒绝原假设，变量平稳。因此，可以进行 Granger 因果关系分析。

2. 最优滞后阶数的选择

最优滞后阶数的选取，本文采用从大到小的原则逐个分析，滞后阶数是根据 Eviews 中的分析结果，按照一定的准则确定的。

表8 最优滞后阶数的确定

Lag	LogL	LR	FPE	AIC	SC	HQ
0	49.58449	NA	2.27e-06	-7.320690	-7.233775	-7.338555
1	64.34789	22.71293*	4.40e-07*	-8.976598*	-8.715852*	-9.030193*
2	66.08066	2.132639	6.67e-07	-8.627794	-8.193217	-8.717119
3	69.03846	2.730274	9.29e-07	-8.467455	-7.859048	-8.592510
4	70.41900	0.849566	2.05e-06	-8.064461	-7.282224	-8.225247

注：*表示该信息准则所提供的最优滞后阶数。

根据最终分析结果，按照一定的信息准则最终确定，本文所建立的 VaR 模型的最优滞后阶数为2。

3. Granger 因果检验

表9 Granger 因果检验分析

原假设	自由度	F 统计量	P 值	结论
GN 不是 CZSB 的 Granger 原因	32	0.94920	0.3477	不拒绝
CZSB 不是 GN 的 Granger 原因	32	5.48941	0.0357	拒绝

注：当 P 值大于 0.05 的显著性水平时，表明不拒绝原假设，说明 A 变量不是 D 变量的 Granger 原因。

由 Granger 因果检验结果可知：P 值 0.3477 > 0.05，说明 GN 不是 CZSB 的 Granger 原因；P 值 0.0357 < 0.05，表明 CZSB 是 GN 的 Granger 原因，说明社会保障支出不仅没有降低城乡收入差距，反而加剧了城乡收入差距，而城乡收入差距并没有促进社会保障支出的增加。进一步说明了河南省社会保障不仅总量不足，并且分配不均，导致应该受保障的人群反而没有得到保障。

4. Impulse Response 函数分析

脉冲响应函数的理论机理是一个内生变量对由误差项带来的冲击的反

应,其中横坐标表示滞后期间,纵坐标表示内生变量对一个标准差大小的冲击的反应程度,中间的实线为脉冲响应函数曲线,两条虚线为正负两倍标准差的置信带(见图4)。

由图4可知,本期给财政性社会保障支出一个标准差大小的冲击后,其对城乡基尼系数产生正向影响,在1.5期达到最大值,然后快速下降,从第2期开始城乡基尼系数表现为随财政性社会保障支出的增加而上升的趋势,社会保障支出对城乡基尼系数产生负向影响,但从第7期开始又表现为正向影响。根据图形可知,城乡基尼系数随着财政性社会保障支出额增加先表现为递减趋势,而后表现为递增趋势,最后又表现为递减趋势。

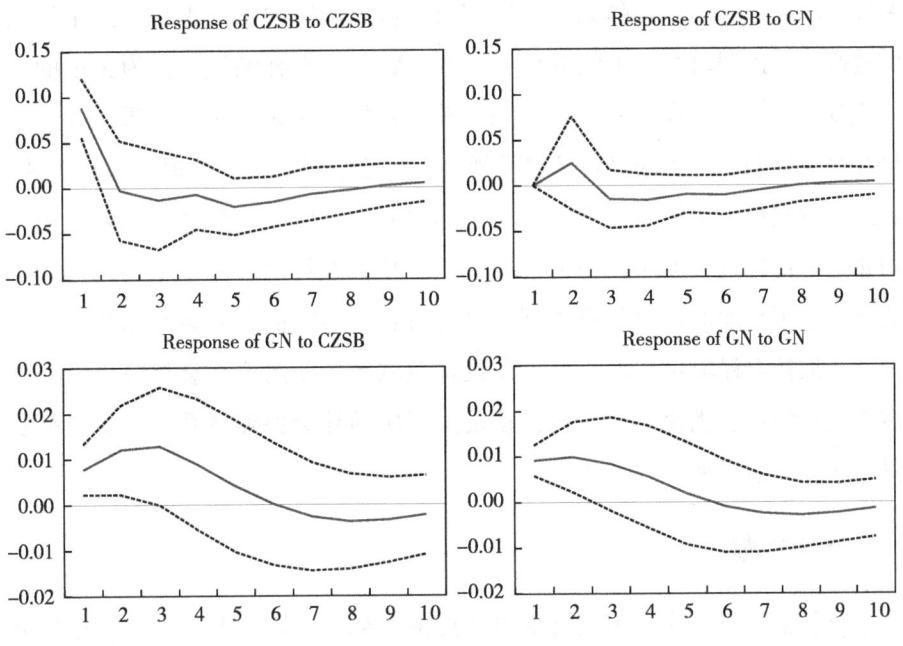

图4 脉冲响应

五、结论

本文利用VaR模型,研究财政性社会保障支出增长率对城乡居民收入差距到底存在怎样的影响。通过2000—2016年河南省的相关数据,第一步通过对数据进行单位根检验证明两个变量水平平稳;第二步进行滞后阶数的预测，确定该时间序列的滞后阶数为 2；之后的 Granger 因果检验结果表明，河南省财政性社会保障支出对城乡居民收入差距增加具有促进作用，这一结果与我们对财政性社会保障的预测结果相反；而后通过脉冲响应发现，当财政性社会保障支出给城乡基尼系数一单位的正向冲击后，先表现为正响应，然后呈现出负响应，而后逐渐表现为正响应，这与之前的研究结论不同，说明随着财政性社会保障支出的增加，城乡基尼系数呈先逐渐降低，而后增长，最后逐渐下降的趋势。

综上所述，本文认为初期的财政性社会保障支出的再分配效用还是比较明显的，起到了抑制城乡收入差距扩大的作用。但是随着城镇经济的不断发展和城镇社会保障体系的不断完善，城镇居民的生活水平得到了很大的提高，与此同时，由于政策导向问题，农村一直补贴城镇，为城镇的发展贡献力量，但是农村尚未享受到城镇经济发展带来的丰硕成果，并且农村社会保障制度一直未得到足够重视，支出总量不足、社会保障项目短缺，最终导致农村与城镇居民的收入差距越来越大。因此，政府必须采取措施防止这种情况继续发生，否则会导致整个社会经济发展的不平衡，而且可能产生不可预期的社会矛盾问题。建议在农村地区提高社会保障的支出力度，增加社会保障项目的总量，建设覆盖城乡的普惠型社会保障体系，从重视民生的角度优化财政结构，建设多层次的社会保障体系，切实提高农民收入和生活水平。

参考文献

[1] 亚当·斯密. 国民财富的性质和原因的研究 [M]. 北京：中国劳动社会保障出版社，1995：23-54.

[2] 凯恩斯. 就业、利息和货币通论 [M]. 北京：商务印书馆，1988：15-45.

[3] 庇古. 福利经济学的几个方面 [J]. 美国经济评论，1951 (6)：75-80.

[4] 保罗·罗伯茨. 供给学派革命 [M]. 上海：上海译文出版社，

1987: 63-82.

[5] Michael, Martin. Social Security Expenditure and Economic Growth: An Empirical Assessment [J]. Research in Economics, 2000 (54): 24-27.

[6] Jesuit, Mahler. Social Security and Long Run Economic Performance, and Its Implications for Asian Tigereconomies [J]. CAS Discussion, 2004 (12): 49-52.

[7] Carlo, Stefano. Social Security and the Real Economy: an Inquiry into some Neglected Issues [J]. American Economic Review, 1998 (2): 151-158.

[8] Cuyvers, Rayp. Inequality and Growth: What Can the Data Say [J]. Journal of Economic Growth, 2003 (8): 37-41.

[9] 孙文基, 李建强. 财政性社会保障支出、收入分配与经济增长的实证检验 [J]. 统计与决策, 2011 (2): 112-115.

[10] 丁少群, 许志涛. 社会保障水平、收入分配与经济增长的互动关系研究——基于 VaR 模型的实证分析 [J]. 中国经济问题, 2013 (6): 3-12.

[11] 王增文, 何冬梅. 退休冲击、消费动态支出变动及消费结构优化——基于企业、机关事业单位退休人员消费影响因素的比较 [J]. 经济理论与经济管理, 2016 (3): 14-30.

[12] 郑功成. 社会保障：调节收入分配的基本制度保障 [J]. 中国党政干部论坛, 2015 (2): 93-98.

[13] 高霖宇. 发达国家社会保障水平与收入分配差距关系及对中国的启示 [J]. 地方财政研究, 2011 (7): 75-80.

[14] 杨风寿, 沈默. 社会保障水平与城乡收入差距的关系研究 [J]. 宏观经济研究, 2016 (5): 61-72.

[15] 邓大松, 仙蜜花. 社会保障转移支付对收入分配差距的调节效应——基于东部 12 个省市的实证研究 [J]. 社会保障研究, 2013 (6): 3-9.

[16] 杨亮, 丁金宏, 郭永昌. 中国社会保障与经济发展耦合协调度的

时空特征分析 [J]. 人口与经济, 2014 (4): 94-102.

[17] 何文炯. "十二五"社会保障主题: 增强公平性和科学性 [J]. 社会保障研究, 2011 (1): 61-65.

[18] 贝弗里奇. 贝弗里奇报告 [M]. 北京: 中国劳动社会保障出版社, 1995.

[19] 张祖群. 从恩格尔系数到旅游恩格尔系数: 述评与应用 [J]. 中国软科学, 2011 (S2): 100-114.

多元需求视角下的辽宁省养老服务有效供给体系研究[*]

◎何　婧　边　恕

辽宁大学人口研究所，辽宁沈阳，110136

摘　要：在老龄化程度不断加深的背景下，从政府、社区、机构三个角度考察辽宁省养老服务供给情况，并基于问卷调查数据，实证分析辽宁省养老服务需求的影响因素，发现老年人的年龄、受教育程度、子女数量等因素对养老服务的需求强度有一定影响。家庭功能弱化、政府购买政策未落实、社区养老资金来源较少、市场参与力度不强、养老服务供给体系不完善是导致养老供需失衡的主要原因。根据财政负担比例公式计算出2014—2025年养老服务资金支持的缺口和对应年份的一般公共财政预算收入，发现平均养老服务财政资金供给缺口占财政收入比率为0.87%左右，缺口资金数额整体呈负增长趋势，说明财政支持方案具有可持续性。建议以居家、社区、机构多元视角构建辽宁省养老服务有效供给体系，真正让

---

[*] 本文为教育部人文社科重点研究基地重大项目"养老保险城乡统筹政策优化研究——基于养老金与财政动态契合的视角"（14JJD630012）、辽宁省"百千万人才工程"资助项目"辽宁省人口老龄化、社会保障与财政补贴的动态契合机制研究"（辽百千万立项2015-37）、辽宁省教育厅高等学校创新人才项目"基于老年多元需求的社会养老服务有效供给体系研究"（WR2016009）研究成果。

老年人实现养老、享老，过上老有所养、老有所依的老年生活。

关键词： 老龄化　养老服务　服务体系　有效供给

我国 1999 年进入老龄化社会，2013 年老年人口数量达到 20200 万人，人口老龄化水平接近 15%。《世界人口展望 2012》预测，到 2050 年，我国老年人占比将超过 30%，比世界水平高出 20% 左右。根据《中国老龄事业发展报告（2014）》，2050 年失能老年人口将增至 9700 万人，2054 年 80 岁及以上高龄老年人口将达到 1.18 亿人。根据"六普"显示，我国户均 3.1 人，比"五普"减少 0.34 人，较改革开放之初的 4.61 人下降了 32.8%。2015 年 5 月，国家卫计委公布了《中国家庭发展追踪调查》，结果显示，我国家庭的平均规模为 3.35 人，两人或三人的家庭组成已经成为主流模式，一对夫妻要照顾 4 位老人，抚养 1 个或者 2 个孩子。养老负担承重十分明显，养老服务的供给情况不容乐观，构建有效供给体系势在必行。

一、研究综述

（一）国内研究综述

国内学者对于养老服务的研究多集中于供需失衡和体系选择与制度建设方面。在供需失衡方面，田北海、王彩云等探索养老服务需求的结构特征和影响需求水平的因素，提出以老年人意愿强化居家养老基础地位的基本原则[1]。王莉莉提出构建"居家养老服务链"对策以解决我国养老服务需求与供给方面存在的问题[2]。倪东生和张艳芳从政府购买视角对供需平衡进行测算，发现我国养老服务存在资金支持不足、组织发展不能满足社会需求、政府购买专业性不强等问题[3]。在养老服务体系选择和制度建设方面，韩俊江、王天鑫提出要合理掌控财政支持的力度和边界，充分发挥政策资源的综合效应，构建以完善社会养老服务重点环节为导向的财政支持系统[4]。姚俊借鉴世界银行养老金制度改革"多支柱"理论，从服务递送的视角提出发展社会养老服务具有提高递送效率和结果以及将养老服务多元化等优势[5]。童星提出将社区养老与"互联网+"相融合，推进"互联网+养老服务"的发展需要政府、市场、社会三方积极配合[6]。胡宏伟、汪珉等界定了嵌入式养老概念,提出加强政府理念转变、加大政策扶持、社区联合企业、引入社会组织等措施[7]。

(二) 国外研究综述

在供需失衡方面,Hitaité 和 Spirgiené 研究发现,老年人对养老服务的需求程度与年龄的阶段性有很大关系,而且城市老年人对社会养老服务的需求强度要低于农村老年人[8]。Valkila 等发现,老年人更倾向的养老服务项目是比较重的家务活、户外活动陪同、协助老人处理个人事务。在体系选择与制度建设方面[9],Robert Morris 和 Delwin Anderson 认为,养老服务的有效供给是建立养老制度的出发点和落脚点,这有利于提高养老服务的质量和效率[10]。Martin Knapp 和 Annette Bauer 认为,要提高养老服务供给质量和效率就要对政府购买制度进行升级[11]。Chappell N 认为,通过采用不同的养老方式、组建自主小队、培训照料人员、协助成员之间的工作等方法,可以减轻家庭照料人的负担[12]。

(三) 国内外研究评述

以往很少有学者将需求和供给两方面结合起来进行研究,很多文献只是单方面对养老服务的供给情况或者老年人的需求情况进行分析,并没有将二者结合进行深入比对。在研究社会养老服务的问题时,从体系的角度去审读社会养老服务,会给学者带来更广阔的视角。目前,学界在结合需求和供给的基础上对社会养老服务体系提出有效构建方法的研究很少。笔者认为,要深入化、体系化对社会养老服务体系进行研究,这可能会成为未来社会养老服务领域有关研究的发展趋势。

二、辽宁省人口老龄化现状及养老服务供给状况分析

(一) 老龄化基本状况

2017 年,辽宁省全年出生共 28.4 万人,比 2016 年同期减少 0.5 万人。2016 年全面二胎政策实行后,人口增速加快,而后放缓,人口的死亡率高于出生率(见图1)。截至 2017 年末,辽宁省户籍总人口为 4232.57 万人,

65周岁及以上户籍老年人口为608.17万人,后者占总人口的比重为14.37%。一般认为,当一个国家或地区65岁及以上老年人数占总人口数的比重超过7%时,就表示这个国家和地区进入老龄化,若该比重达到14%,即进入深度老龄化,达到20%,则进入超老龄化。可见,辽宁省已经步入了深度老龄化社会。

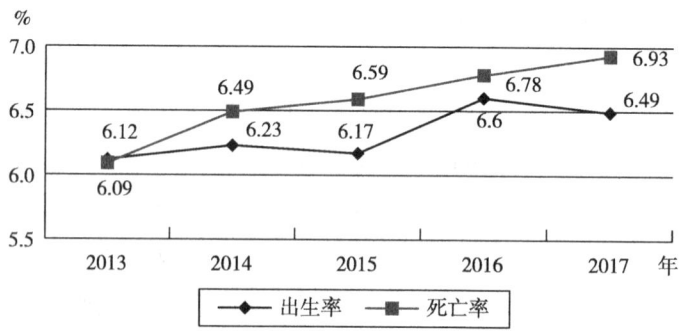

图1 辽宁省2013—2017年人口出生率和死亡率

根据《辽宁省2017年老年人口信息和老龄事业发展状况报告》,截至2017年,辽宁60~69周岁低龄老人占老年人口比重为60.37%,年净增加29.84万人;70~79周岁老年人占老年人口比重为26.63%,比上年增加2.23万人;80~89周岁老年人口占老年人口比重为11.62%,比上年减少0.13万人;90~99周岁老年人口占比1.36%,比上年增加1.53万人;百岁老人比上年增加131人[13]。

(二)辽宁省养老服务供给现状

"十二五"期间,辽宁省养老机构共1735家,公办802家,民办933家,农村敬老院631家。在社区、居家养老服务方面,辽宁省建有服务设施在8000个以上,社区日间照料站床位有31000张,年均服务的老人能够达到52万人次,数十万名困难老年人得以享受养老服务,社会养老床位为28.74万张,每1000名老人能够拥有31张床位,已经接近国家制定的相关标准。

1. 居家养老服务供给现状

居家养老可以让老人在家接受专业的照料,全省共有区域性居家养老服务中心 249 个，城乡社区居家养老服务站、日间照料站等 3606 个。居家养老服务站为老年人提供助餐、助浴、助行、助洁服务，可以帮助老年人购买常用药品，提供上门聊天服务，建设有棋牌室、活动室以及相对高级的服务中心，还设立图书馆和健身场所，全省专业性的居家养老护理员约 8000 人，持证上岗者约占 10%，上门聊天服务多由非专业的 40~50 岁再就业女性提供，服务项目单一且专业性较低。在社会参与方面，居家养老服务很少提供相关活动和服务。

2. 机构养老服务供给现状

根据辽宁省改革和发展委员会相关公报，目前全省共有各类养老机构 1842 家，其中公办养老机构 733 家，民办养老机构 1109 家，总量较上年增加 89 家，社会养老床位 28.74 万张，平均每千名老人拥有养老床位数 31 张（民政部门要求每千名老人拥有床位数为 35~40 张），虽与全国同期水准持平，但总量上仍有欠缺。2017 年，辽宁省养老机构出现资源配置问题，公办养老院床位供不应求，民办养老院床位供大于求，公办养老院服务质量较高，民办养老院服务质量总体偏低。

3. 社区养老服务供给现状

辽宁省已经进入深度老龄化状态，社区作为生活辖区承担的养老职责更为重要。2018 年末，辽宁省社区养老床位共 223170 张，城市社区养老服务设施覆盖率达到近 90%，农村社区养老服务设施覆盖率达到 50% 以上。社区食堂可以为老人提供营养午餐，每餐标准为 6 元一荤一素一汤一主食一小菜，切实解决了社区内老年人的用餐难问题。社区卫生防疫站能提供基础诊疗服务，社区内配有老年活动室，不定期举办老年人联谊活动、老年人竞技活动，以及相关知识的培训和讲座，但在社会参与相关项目方面依旧薄弱。

三、基于问卷调查的辽宁省养老服务需求分析

（一）对辽宁省养老服务需求的调查研究

本次调研地点选在辽宁省沈阳市，以问卷形式收集老年人对养老服务

的真实需求信息,问卷共设 29 个问题,所询问的对象全部是 60 周岁及以上的老年人,本次调研共发放问卷 300 份,回收有效问卷 285 份,有效回收率为 95%。

从调查样本的一般特征来看,性别构成方面女性样本比例高于男性;年龄构成方面低龄老年人样本比例占 50% 以上,中龄和高龄老人占比相当;在受教育程度方面,占比最高的为初中;婚姻状况及子女数量方面,已婚老年人占 7 成以上,多数老年人有 2 个以上的子女,并且大部分与配偶居住;月收入多在 2000~3000 元,身体状况中比较健康的老年人占比大(见表 1)。

表 1　　　　　　　　一般人口学特征

指标		人数	占比(%)
性别	男	123	43
	女	162	57
年龄	60~70 周岁	148	52
	70~80 周岁	80	28
	80 周岁及以上	57	20
受教育程度	小学及以下	34	12
	小学	80	28
	初中	103	36
	高中/中专/职高	45	15.9
	大学专科及以上	23	8.1
婚姻状况	未婚	6	2
	离异	17	6
	丧偶	54	19
	已婚	205	72
子女数量	0 个	6	2
	1 个	60	21.1
	2 个	44	15.4
	3 个	84	29.5
	2 个及以上	91	32

续表

指标		人数	占比（%）
居住状况	和配偶子女居住	27	9.6
	和配偶居住	170	59.6
	和子女居住	50	17.6
	独居	38	13.3
月收入	1000元及以下	17	6
	1000～2000元	98	34.4
	2000～3000元	124	43.5
	3000～4000元	60	10.5
	4000元及以上	16	5.6
身体情况	不健康	6	2.1
	不太健康	56	19.6
	一般	35	12.3
	比较健康	133	46.7
	非常健康	55	19.3
合计	—	285	100

资料来源：依据笔者2018年8月至2018年11月调研问卷结果整理得出。

（二）辽宁省老年人养老需求影响因素的实证分析

1. 理论构建和研究假设

经济学理性人假设指出，经济主体都是具有理性的人，老年人作为养老服务市场上的理性经济人，在选择养老服务时始终充满理智。如果家庭养老无法满足老年人需求，则老年人会选择社会养老服务。综合分析，对老年人的养老服务需求程度的影响因素作出如下假设。

假设1：男性比女性更需要养老服务。

假设2：年纪越大的老年人对养老服务的需求越高。

假设3：文化程度越高的老年人对养老服务的需求量越大。

假设4：经济状况越好的老年人对养老服务的需求程度越高。

假设5：没有配偶的老年人比拥有配偶的老年人更需要养老服务。

假设6：与配偶居住、与配偶和子女一起居住、与子女居住的老年人比独居的老年人对养老服务的需求强度更低。

2. 变量操作化与模型选择

根据假设对变量进行操作化,因变量为被访问的辽宁省老年人对养老服务的需求程度,自变量为年龄、受教育程度、婚姻状况、子女数量、居住情况、月收入,具体赋值见表2。

表2　　　　　　　　　　　变量赋值

变量名称	变量含义与赋值
需求	不需要=0;需要=1
性别	男性=1;女性=2
年龄	60~70周岁=1;70~80周岁=2;80周岁及以上=3
文化程度	小学以下=1;小学=2;初中=3;高中/中专/职高=4;大专及以上=5
婚姻状况	无配偶=1;有配偶=2
居住情况	与配偶和子女居住=1;与配偶居住=2;与子女居住=3;独居=4
月收入	1000元以下=1;1000~2000元=2;2000~3000元=3;3000~4000元=4;4000元以上=5
身体状况	非常健康=1;比较健康=2;一般=3;不太健康=4;很不健康=5

在实际情况中,经常出现"是"和"否"两种选择,我们将有两种可能的因变量称作定性变量,根据变量建立二元Logit回归模型。在模型中,我们通常用0表示否定,用1表示肯定,事件发生的概率用P来表示,因此$E(Y) = P(Y=1) = P$,对P进行Logit变换后,得到二元Logit回归模型(1):

$$\text{Logit } P = \alpha + \beta_1 X_1 + \beta_2 X_2 + \cdots + \beta_i X_i \tag{1}$$

其中,α为常数项,β_i为方程的回归系数,表示当其他自变量不变时,这个自变量每增加一个单位所引起的OR值的变化。

3. 结果分析

由表3可知,在自变量性别分类中,男性和女性相比,结果不具有显著性($P > 0.05$),所以拒绝假设1。

在自变量年龄分类中,60~70周岁的老年人与80周岁及以上的老年人相比,$P < 0.05$,估算值为-1.900,具有统计学意义,60~70周岁的老年

人对养老服务的需求程度是80周岁及以上老年人的0.150倍；70~80周岁的老年人与80周岁以上的老年人对比，不具有统计学意义。对比发现，年龄越高的老年人对养老服务的需求程度越高。

在自变量文化程度分类中，小学以下与大专及以上对比，$P<0.05$，估算值为-3.071，具有统计学意义，小学以下的老年人对养老服务的需求程度是大专及以上学历老年人的0.046倍；小学和大专及以上对比，$P<0.05$，具有统计学意义，小学文化的老年人对养老服务的需求程度是大专及以上老年人的0.126倍。结果显示，老年人受教育水平越高，对养老服务的认可程度越高。

在自变量身体状况分类中，很不健康和非常健康的老年人相比，具有显著性意义（$P<0.05$）；不太健康和非常健康的老人相比，$P<0.05$，估算值为2.599，不太健康的老年人对养老服务的需求是非常健康的老年人的13.454倍；身体情况一般的老年人与非常健康的老年人相比，$P<0.05$，估算值为1.943；身体情况比较健康的老年人对养老服务的需求是非常健康的老年人的3.103倍。综上所述，身体情况越差的老年人对养老服务的需求程度越高。

在自变量经济状况分类中，与收入4000元及以上的老年人相比，收入1000元以下的老年人的估计值为-3.297；收入1000~2000元的老年人的估计值为-3.055；收入2000~3000元的老年人的估计值为-2.293。这意味着随着收入的提高，老年人对养老服务的需求程度也在提高。

在自变量婚姻状况分类中，有配偶的和无配偶的老年人相比，$P<0.05$，估算值为0.700，意味着有配偶的老年人对养老服务的需求程度是无配偶的老年人的2.014倍。

在居住分类变量中，与独居老人相比，与配偶和子女居住的老年人$P<0.05$，估计值为-4.977；与配偶居住的老年人$P<0.05$，估计值为-4.326；与子女居住的老年人$P<0.05$，估计值为-2.547。根据结果显示，与配偶和子女一起居住、与配偶或子女居住的老人对养老服务的需求较低，独居老人对养老服务的需求较高。

表3　　　　　　养老服务需求影响因素的实证分析

	B	S.E.	Wald	df	Sig	Exp（B）
性别（1）	0.706	0.368	3.676	1	0.055	2.025
年龄	—	—	12.971	2	0.002	—
年龄（1）	-1.900	0.629	9.131	1	0.003	0.150
年龄（2）	-0.612	0.595	1.058	1	0.304	0.542
文化程度	—	—	26.762	4	0.000	—
文化程度（1）	-3.071	0.946	10.525	1	0.001	0.046
文化程度（2）	-2.069	0.857	5.825	1	0.016	0.126
文化程度（3）	-0.691	0.952	0.527	1	0.473	0.501
文化程度（4）	-0.376	0.915	0.169	1	0.681	0.686
婚姻状况（1）	0.700	0.357	3.843	1	0.050	2.014
居住情况	—	—	17.092	3	0.001	—
居住情况（1）	-4.977	1.264	15.504	1	0.000	0.007
居住情况（2）	-4.326	1.156	14.002	1	0.000	0.013
居住情况（3）	-2.547	0.825	9.536	1	0.002	0.078
月收入	—	—	29.732	4	0.000	—
月收入（1）	-3.297	0.913	13.034	1	0.000	0.037
月收入（2）	-3.055	0.844	13.113	1	0.000	0.047
月收入（3）	-2.293	0.824	7.742	1	0.005	0.101
月收入（4）	-0.561	0.861	0.424	1	0.515	0.571
身体状况	—	—	19.789	4	0.001	—
身体状况（1）	3.351	0.781	18.409	1	0.000	28.531
身体状况（2）	2.599	0.656	15.718	1	0.000	13.454
身体状况（3）	1.943	0.688	7.990	1	0.005	6.983
身体状况（4）	1.132	0.551	4.218	1	0.040	3.103

资料来源：根据调查数据回归分析得出。

四、辽宁省养老服务供需存在的问题及原因分析

（一）辽宁省养老服务供需存在的问题

1. 居家基本养老服务供需存在的问题

第一，居家养老主要的服务对象为辽宁省户籍人口，且养老服务针对的人群具有生活自理能力，所以政府设立的部分居家服务成为空设。第二，

专业性养老服务人员匮乏,全省居家养老护理员仅有8000人左右,相对老年人数量形成较大缺口,且持证上岗者仅10%。第三,现阶段居家服务中的精神慰藉和社会参与方面有待完善,精神慰藉多限于上门聊天,而老年人渴望参与社会、实现自身价值的愿望也难以实现。

2. 机构基本养老服务供需存在的问题

养老机构可以为老年人提供全方位的照料,在提供膳食的同时也能提供医疗服务,但是老年群体对医疗服务的需求极高,机构中配备的基础医疗设施既难以满足老年人对疾病监控的要求,也无法应对出现的紧急情况。除物质方面外,机构中精神产品的供给度低、供给形式单一也是一大问题,老年人只能通过阅读、陪聊等方式舒缓情绪,且机构碍于管理制度,老年人很少能够外出,基本没有社会参与感。

3. 社区基本养老服务供需存在的问题

社区养老服务的对象仅限于居住在社区内的老年人,不能满足所有老年人的日常护理需求。辽宁省养老护理人员仅有8000人左右,拥有职业资格的人很少,多数为下岗再就业女性,专业技能匮乏,只能提供简单的护理服务,社区内缺乏职业的全科医生和护理人员,医疗项目比较单一,难以满足所有老年人的养老需求。社区提供的精神慰藉服务多是设立阅览室和棋牌室,活动多为听广播、看电视、上门陪聊等,单一的类型对比多元的需求,老年人的精神生活略显匮乏,日益多元化的社会参与需求更是难以满足。

(二)辽宁省养老服务供求失衡的原因分析

1. 家庭功能弱化,传统养老模式难以为继

1982年,计划生育被定为我国的一项基本国策,辽宁省严格执行计划生育政策,人口总数得到了控制,独生子女家庭大量涌现,家庭规模逐渐形成"4-2-1"模式,导致家庭养老不堪重负。此外,辽宁省年轻劳动力的外流导致人口比例愈加失调,医疗技术的进步、人均寿命的延长、老人赡养老人及老人抚养孙辈的状况日益增多,这使"养儿防老"的思想正经受严峻的考验,家庭养老功能不断弱化。

2. 政府购买政策未落实，缺乏有效监管机制

相关研究表明，各级政府的养老服务设施建设投入、政府补贴和护理人员的培训费用每年只有达到3000亿元以上才能较快提高养老服务质量，但实际上，每年的建设资金仅有几十亿元，资金不足导致政策落实失位，且政府购买养老时多注重增添养老机构的床位数量，没有注意到实际的补贴，更多的服务项目无法通过政府购买来实现。在养老服务供给体系中，政府起主导作用，将市场、家庭、社区紧密联系到一起，但缺乏相关监管机制维持整个体系的稳定运行。

3. 社区养老资金来源较少，供给过度集中化

由于社区养老资金来源有限，资本投入少且不稳定，所以社区在服务供给方面十分受限。也正是由于社区养老资金缺口大，缺乏聘请专业、高素质养老服务人员的经济能力，因而社区养老服务队伍专业素质不高，不能根据实际需求制定个性化供给方案，只能提供简单的日常生活照料、医疗护理和精神慰藉活动。虽然达到"养老"的标准，但很难使辽宁省老年人达到"享老"乃至更高层级的服务水平。

4. 市场参与力度不强，养老服务供给体系待完善

在现行的养老服务资源供应中，政府依旧处于垄断地位，加上老年人对养老机构的排斥，使市场主体参与难度增加。企业在参与时，仍存在许多不规范问题：第一，实际市场对老年人的行为偏好进行牵引，造成供给和需求不对应，老年人内心真实诉求无法满足；第二，服务商品化使老年人变为市场附属品，机构为了盈利缩减成本，提高价格，致使老年人无力支付。因此，养老服务供给体系有待完善。

五、辽宁省社会养老服务有效供给体系的构建及可行性分析

（一）构建社会养老服务有效供给体系的基本思路及框架

基本思路主要包括以下三方面内容。第一，确立合理的构建理念。充分尊重老年人的需求，从情感和效益双角度出发满足其日常生活照料、医

疗护理、精神慰藉、社会参与等各层次的需求，真正实现老年人"老有所依，老有所养，老有所为"。第二，形成优化的结构。升级养老服务格局，明确各主体权责，促进集居家、社区、机构养老服务于一体的模式地发展，改变传统思维，推动养老机构进入社区，真正实现老年人在"家"养老的愿望。第三，制定有效的制度。加大力度开展制度协同、联动机制，推进养老服务体系快速、有序地发展，同时注重政策实行的精细化，避免政策条规过度泛化，导致无法对养老服务体系建设起到精准指挥作用。

本文根据思路指导，构建出适合于辽宁省养老服务有效供给体系的框架（见图2）。社会养老服务有效供给体系框架共有三个部分，分别为居家养老服务、社区养老服务和机构养老服务，三个部分相互关联：居家养老为健康有自理能力的老年人和失能半失能、高龄、独居的老年人提供服务，引入医疗机构和专业养老机构的参与；社区养老服务适合健康有自理能力的老年人，为他们提供基本养老服务；机构养老服务主要针对失能半失能、高龄、独居和"三无"（无劳动能力、无生活来源、无赡养人和抚养人）老

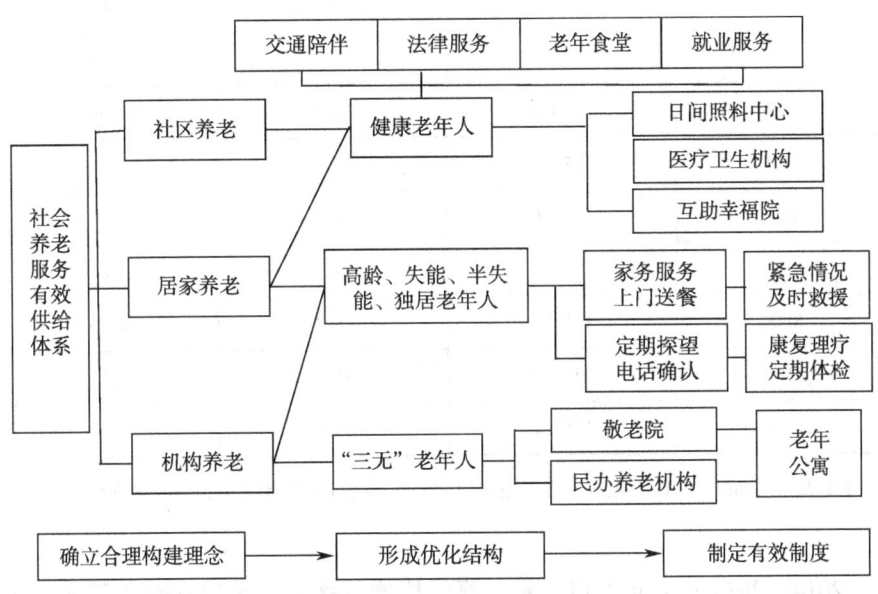

图2 社会养老服务有效供给体系框架

年人,可以为这些老年群体提供专业化、精准化的服务。

(二)构建养老服务有效供给体系的可行性分析

1. 辽宁省老年人口数量预测

要验证社会养老服务有效供给体系的可行性,就要深入分析辽宁省老年人口的现状及未来趋势。表4显示了辽宁省2014—2025年60周岁及以上老年人口的数量及所占比重,能够看出,老年人口数量和比重都在不断增加。其中,2019—2025年的老年人口数据来源于辽宁大学人口研究所的预测结果。

表4   2014—2025年辽宁省老年人口数量及增长率

年份	老年人口数(万人)	增长量(万人)	增长率(%)
2014	860.9	41.5	5.06
2015	902.4	45.2	5.01
2016	947.6	50.8	5.36
2017	998.4	60.2	6.03
2018	1044.6	46.2	4.63
2019	1080.9	36.3	3.48
2020	1126.9	46.0	4.26
2021	1166.6	39.7	3.52
2022	1211.0	44.4	3.81
2023	1259.4	48.4	4.00
2024	1311.2	51.8	4.11
2025	1365.7	54.5	4.16

资料来源:2014—2018年辽宁省国民经济和社会发展统计公报和辽宁大学人口研究所的预测结果。

2014—2025年老年人口数量一直保持增长状态,2019—2025年人口老龄化趋势越来越强,每年增加的老年人口数逐年递增(见图3)。

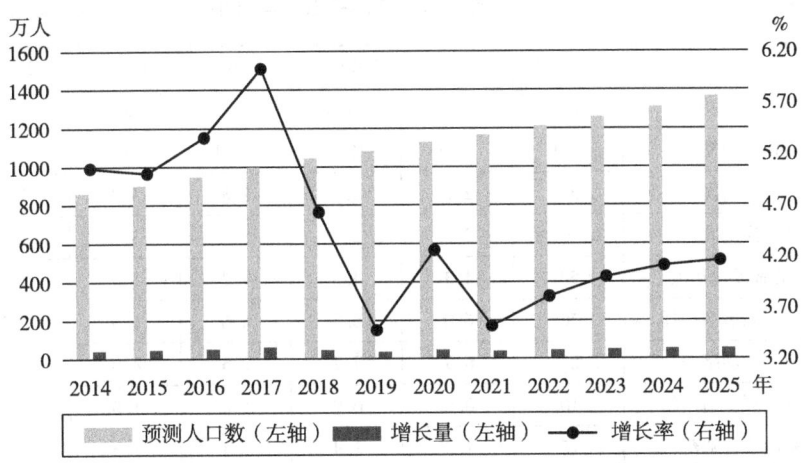

图 3　2014—2025 年辽宁省老年人口数量及增长率

2. 辽宁省老年人可用于养老服务支出的资金预测

要对辽宁省社会养老服务体系的可行性进行分析，就要对老年人的养老服务承担能力作出评估以及对政府财政的承担能力进行预测。因此，本文根据相关制度和假设设立模型如下：

$$R_i = \frac{FG_i}{GR_i} = \frac{TPS_i - AD_i \times N_i}{GR_i} \tag{2}$$

$$TPS_i = PPS_i \times N_i = (AP_i - MS_i) \times N_i \tag{3}$$

在上述公式中，TPS_i 表示老年人可用于养老服务支出的总值，N_i 表示 60 周岁及以上老年人口的数量，PPS_i 表示老年人可用于养老服务支出的均值，MS_i 表示当年的平均最低生活保障水平，AP_i 表示 i 年养老金平均水平，AD_i 表示各项目价格的均值，FG_i 表示养老财政资金供给缺口，GR_i 表示政府一般公共预算财政收入，R_i 表示财政承担比率。根据表 5，所有养老服务价格均值都来自对养老机构和社区的调查，不代表市场具体价格。利用均值和 2014—2018 年的人口计算得出 5 年间各年的养老服务总体价格水平 D_i。

表5　　　　　各年养老服务总体价格水平及5年均值　　　　单位：亿元

项目	均值（元）	2014年	2015年	2016年	2017年	2018年
上门做家务	160	13.7	14.4	15.2	16.0	16.7
擦洗门窗	200	17.2	18.0	18.9	20.0	20.9
上门理发	30	2.6	2.7	2.8	3.0	3.1
帮助换洗衣被	30/小时	2.6	2.7	2.8	3.0	3.1
帮助做饭或送饭	50	4.3	4.5	4.7	5.0	5.2
帮助个人清洁护理	70	6.0	6.3	6.6	6.9	7.3
户外活动陪护	80	6.9	7.2	7.6	8.0	8.4
帮助购买生活用品	10	0.9	0.9	1.0	1.0	1.1
帮助喂食喂药	15	1.3	1.4	1.4	1.5	1.6
协助翻身、起卧	15	1.3	1.4	1.4	1.5	1.6
口腔护理	10	0.9	0.9	1.0	1.0	1.1
压疮预防及护理	50	4.3	4.5	4.7	5.0	5.2
生命体征监测	20	1.8	1.8	1.9	2.0	2.2
居家介护护理	400	34.4	36.1	37.9	39.9	41.8
陪伴就医、配药	80	6.9	7.2	7.6	8.0	8.4
康复理疗	100	9.0	9.0	10.0	10.0	11.0
日常保健按摩	50	4.3	4.5	4.7	5.0	5.2
医疗保健知识普及	免费	—	—	—	—	—
紧急情况救援	免费	—	—	—	—	—
上门医疗服务	60	5.1	5.4	5.7	6.0	6.3
定期体检	520	44.8	47.0	49.2	51.9	54.3
义诊	免费	—	—	—	—	—
散步、聊天	45/小时	3.9	4.1	4.3	4.5	4.7
心理辅导	40/小时	3.4	3.6	3.8	4.0	4.2
生日节日陪伴问候	免费	—	—	—	—	—
合计	2035	175.2	183.6	192.8	203.2	212.6

资料来源：经笔者走访养老机构及社区整理得到。

通过对养老各项目均值及总体水平的计算，可以得出结论：满足老年人每月基本的养老服务的平均花费为2035元，2014—2018年养老服务总水平分别为175.2亿元、183.6亿元、192.8亿元、203.2亿元、212.6亿元，高于可用的养老服务支出资金均值（见表6）。

表6　　　　2014—2018年养老金水平及可供支出资金

年份	2014	2015	2016	2017	2018
养老金平均水平（元）	2011	2212	2356	2485	2610
平均最低生活保障（元）	500	560	620	690	770
可用于养老服务支出资金均值（元）	1511	1652	1736	1795	1840
老年人口数（万人）	860.9	902.4	947.6	998.4	1044.6
可用于养老服务支出资金总值（亿元）	130.1	149.1	164.5	179.2	192.2

资料来源：根据式（1）、式（2）计算得到。

对比2014—2018年可用养老服务支出资金总值和养老服务总水平后发现，养老金剩余额度不足以支付养老服务项目。为了判断未来趋势，根据2005—2018年的人均养老金水平数值，运用最小二乘法对未来7年的人均养老金数值进行预测，设年份为自变量X，人均养老金为因变量Y_i，建立回归方程，计算其系数A和B（见表7）。

表7　　　　养老金平均水平预测模型数据分析

年份	Y_i	X	XY_i	X^2	Y_i^2
2005	853	—			
2006	938	853	800114	727609	879844
2007	1032	938	968016	879844	1065024
2008	1135	1032	1171320	1065024	1288225
2009	1249	1135	1417615	1288225	1560001
2010	1374	1249	1716126	1560001	1887876
2011	1511	1374	2076114	1887876	2283121
2012	1662	1511	2511282	2283121	2762244
2013	1829	1662	3039798	2762244	3345241
2014	2011	1829	3678119	3345241	4044121
2015	2212	2011	4448332	4044121	4892944
2016	2356	2212	5211472	4892944	5550736
2017	2485	2356	5854660	5550736	6175225
2018	2610	2485	6485850	6175225	6812100
合计	22404	20647	39378818	36462211	42546702

资料来源：根据上述回归模型计算得到。

$$B = \frac{n\sum_{i=1}^{n}XY_i - \sum_{i=1}^{n}X\sum_{i=1}^{n}Y_i}{n\sum_{i=1}^{n}X^2 - (\sum_{i=1}^{n}X)^2} \tag{4}$$

$$A = \frac{\sum_{i=1}^{n}Y_i}{n} - B\frac{\sum_{i=1}^{n}X}{n} \tag{5}$$

经过计算,得到回归方程为

$$Y_i = 80.5187 + 1.0344X \tag{6}$$

相关系数如下:

$$R = \frac{n\sum_{i=1}^{n}XY_i - \sum_{i=1}^{n}X\sum_{i=1}^{n}Y_t}{\sqrt{n\sum_{i=1}^{n}X^2 - (\sum_{i=1}^{n}X)^2}\sqrt{n\sum_{i=1}^{n}Y_i^2 - (\sum_{i=1}^{n}Y_i)^2}} \approx 0.988 \tag{7}$$

根据参数估计出回归方程为 $Y_i = 80.5187 + 1.0344X$,对模型进行显著性检验,经计算 R 为 0.998,在置信区间为 95% 时,因此模型具有良好的显著性。模型对 2019—2025 年的人均养老金水平进行预测的结果如表 8 所示。

表 8　2019—2025 年养老金平均水平预测值及增长量

年份	养老金平均水平（元）	养老金增长量（元）	养老金增长率（%）
2019	2780	170	6.5
2020	2956	176	6.3
2021	3138	182	6.2
2022	3326	188	6.0
2023	3521	195	5.9
2024	3723	202	5.7
2025	3932	209	5.6

资料来源：根据式（4）、式（5）计算得到。

经过对未来 7 年养老金均值的计算发现,养老金平均水平逐年增加的同时,每年的增长量缓慢上涨,但增长率呈现下降趋势。根据历史趋势判断,2005—2015 年养老金增长率为 10%,2016 年、2017 年、2018 年的增长率分别为 6.5%、5.5% 和 5%,增长速度逐年放缓。综合考虑设定养老金增长率为 5%，2019—2025 年的养老金均值依次为 2741 元、2878 元、3021 元、3172 元、3331 元、3498 元和 3673 元（见表 9）。本文对平均最低生活保障的预测数值不再单独列出预测过程。

表 9　　　　　2019—2025 年养老金水平及可供支出资金

年份	2019	2020	2021	2022	2023	2024	2025
养老金平均水平（元）	2741	2878	3021	3172	3331	3498	3673
平均最低生活保障（元）	858	960	1065	1186	1320	1475	1640
可用于养老服务支出资金均值（元）	1883	1918	1956	1795	1840	2023	2033
老年人口数（万人）	1080.9	1126.9	1166.6	1211.0	1259.4	1311.2	1365.7
可用于养老服务支出资金总值（亿元）	203.5	216.1	228.2	217.4	231.7	265.3	277.6

资料来源：根据式（2）、式（3）计算得到。

将 2019—2025 年人口数量和平均养老金的预测结果代入预设模型可以得到可用于养老服务支出资金的均值和总值，随着养老金的提高和人口数量的增加，可用于养老服务支出的总值也在增加。

3. 辽宁省老年人养老服务资金缺口占财政收入的比例

根据辽宁省未来 60 周岁及以上老年人口数量、养老金平均水平，计算可用于养老服务支出资金的总值和养老服务项目总价格水平，根据设定公式（3）计算得到 2014—2025 年的财政资金供给缺口（见表 10）。

表 10　　　　　2014—2025 年老年人养老服务资金缺口及占比

年份	可用于养老服务支出资金总值（亿元）	养老服务项目总水平（亿元）	财政资金供给缺口（亿元）	一般公共财政预算收入（亿元）	占财政收入比率（%）
2014	130.1	175.2	45.1	3190.7	1.4
2015	149.1	183.6	34.5	2125.6	1.6
2016	164.5	192.8	32.6	2199.3	1.4
2017	179.2	203.2	24.0	2390.2	1.0
2018	192.2	212.6	20.4	2616.0	0.8

续表

年份	可用于养老服务支出资金总值（亿元）	养老服务项目总水平（亿元）	财政资金供给缺口（亿元）	一般公共财政预算收入（亿元）	占财政收入比率（%）
2019	203.5	220.0	16.5	2364.2	0.7
2020	216.1	229.3	13.2	2352.9	0.6
2021	228.2	237.4	9.2	2348.1	0.4
2022	217.4	246.4	29.0	2346.0	1.2
2023	231.7	256.3	24.6	2345.1	1.0
2024	265.3	266.8	1.5	2344.7	0.06
2025	277.6	277.9	0.3	2344.5	0.02

资料来源：根据计算汇总得出。

根据表10，每年养老服务财政供给缺口均值为20.9亿元，一般公共财政预算收入均值为2413.9亿元，平均养老服务财政资金供给缺口占财政收入比率为0.87%左右，缺口资金数额整体呈负增长趋势，资金缺口占一般公共财政预算收入的区间范围在0.02%~1.6%，财政可以承担这部分资金，从而对老年人养老服务进行资金支撑，因此建立适合辽宁省的社会养老服务有效供给体系是切实可行的。

六、优化与完善社会养老服务有效供给体系的路径

（一）构建多支柱的养老服务支撑体系

养老最核心的问题是养老金的供给问题，仅依靠政府财政支出、个人储蓄、子女赡养、企业养老任何一方的力量都是不够的，因而必须发展多支柱的养老服务体系。第一，增强政府财政支持的力度，将更多的财政资金用于购买多样化的养老服务项目。第二，增强老年人的自我养老观念，提高老年人自我购买养老服务的能力，分担部分养老责任。第三，提升传统家庭养老的能力，加强子女赡养老人的宣传教育，提高供养的经济水平。第四，引进市场力量，放宽非公养老准入限制，利用市场组织力量筹集资金，为老年人养老服务的供给添砖加瓦。

(二) 紧密多元供给主体之间的合作

构建社会养老服务有效供给体系，促进家庭、政府、市场、社区多元主体之间的衔接和合作，明确各主体责任，处理好衔接关系。第一，强化家庭基础，为养老服务供给提供基础保障。第二，发挥政府保障和引导作用，积极建设公办养老机构，保障"三无"老人、低收入老人的护理服务，完善制度保障，促进养老服务业健康快速地发展。第三，降低准入门槛，鼓励市场主体参与，创办营利性养老机构，提高养老服务的档次，开展多类型的居家养老服务。

(三) 构建多样化的养老服务模式

单一的养老服务模式难以满足不同类型老年人的需求，我们要发展以居家养老为基础、社区养老为依托、机构养老为补充的多样化、多层次的养老服务模式。让家庭与社区紧密相连，根据需求制定供给，提供更全面、多样的上门服务。另外，拓展服务项目的种类，根据老年人的不同特征制定个性化的服务方案。在机构养老方面，积极推行供养型、医护型养老机构的建设，积极建设集生活、医疗、文娱于一体的大型综合型养老机构，扩大服务对象的范围，建立对养老机构的监督评价机制，提升机构的服务质量。

(四) 全面提高养老服务人员专业素质

目前，多数养老服务人员没有接受过系统的训练，所以要从数量和质量两方面着手进行把控。第一，进行思想教育，提高参与热情，定期考试并为合格人员颁发证书。第二，实行择优录取制度，适当地进行鼓励和考核，保证养老服务人才队伍的专业化程度。第三，引进对养老服务事业抱有热情的社会成员，拉动就业，采用有针对性的考核制度，设定试用期，提高福利待遇，激发服务人员工作热情。

(五) 促进老年服务市场规范化发展

第一，政府扶持形式应以福利方式展现，减轻政府财政的无效支出。第二，设立法律法规，规制参与主体的行为，实行动态监控，构建科学全面的法治环境、监管服务和价格,实施严格的准入退出机制,维护市场的公平竞争。同时,构建养老服务业发展评判指标体系,对评判优秀者予以鼓励,对不合格者退回初始阶段或取消其运营资格,整顿重组。第三,对社区、家庭加大规制力度,重塑家庭在养老服务供给者中的基础地位,妥善保护家庭养老资源。

参考文献

[1] 田北海,王彩云. 城乡老年人社会养老服务需求特征及其影响因素——基于对家庭养老替代机制的分析 [J]. 中国农村观察,2014 (4):2-17.

[2] 王莉莉. 基于"服务链"理论的居家养老服务需求、供给与利用研究 [J]. 人口学刊,2013 (2):49-59.

[3] 倪东生,张艳芳. 养老服务供求失衡背景下中国政府购买养老服务政策研究 [J]. 中央财经大学学报,2015 (11):3-13.

[4] 韩俊江,王天鑫. 我国公共财政支持社会养老服务研究 [J]. 中国劳动,2015 (8):46-49.

[5] 姚俊. "多支柱"社会养老服务政策的理念与设计研究——基于服务递送的视角 [J]. 现代经济探讨,2015 (7):48-52.

[6] 童星. 发展社区居家养老服务以应对老龄化 [J]. 探索与争鸣,2015 (8):69-72.

[7] 胡宏伟,汪珺,王晓俊,等. "嵌入式"养老模式现状、评估与改进路径 [J]. 社会保障研究,2015 (2):10-17.

[8] Hitaité Lina, Spirgiené Lina. The Need of the Elderly for Nursing and Social Services in the Community of Kaunas District [J]. Medicina (Kaunas), 2007 (11):43.

[9] Valkila Noora, Litja Heil, Aalto Leen, et al. Consumer Panel Study on Elderly People's Wishes Concerning Services [J]. Archives of Gerontology and Geriatrics, 2010 (1):51.

[10] Robert Morris, Delwin Anderson. Personal Care Services: An Identity for Social Work [J]. Social Service Review, 1975 (2): 157-174.

[11] Martin Knapp, Annette Bauer. Building Community Capital in Social Care: Is There an Economic Case? [J]. Community Development Journal, 2013 (2): 179-196.

[12] Chappell N. Social Capital: Does it Add to the Health Inequalities Debate [J]. Social Indicators Research, 1990.

[13] 全国老龄委办公室. 辽宁省2017年老年人口信息和老龄事业发展状况报告 [EB/OL]. http://www.cncaprc.gov.cn/contents/10/187096.html.

长期护理保险试点的居民认知、参保意愿及影响因素研究
——以湖北省荆门市为例

◎罗梅璇子

武汉大学社会保障研究中心，湖北武汉，430072

摘　要：建立健全长期护理保险制度是满足长期护理需求、合理应对人口老龄化和促进社会经济发展的重大战略举措。本文以荆门市为例研究居民对长期护理保险制度的认知情况、参保意愿及影响因素，从目标体系、分配基础、分配内容、提供策略和筹资方式五个社会福利政策维度深入剖析政策设计。在实地调研的基础上，运用 Logistic 回归模型从人口社会学特征、保险参与情况、健康状况、长期护理保险需求以及年老预期情况（风险意识）五个方面进行变量选取与赋值，对居民长期护理保险参保意愿的影响因素进行回归分析，结果表明：健康因素、认知因素、观念因素以及风险意识、家庭子女数等因素对居民的参保意愿在不同的显著性水平上存在影响，其中健康因素、观念因素和风险意识对参保意愿的影响尤为明显。基于居民自身和政府政策两个视角，提出建议：动态平衡基金收支，逐步提高给付水平；加快实施分级评定进程，充分满足失能群体需求；大力宣传制度政策，激励居民自愿参保。

关键词： 长期护理保险　居民认知　参保意愿

一、引言

人口老龄化问题为全世界所关注，在我国表现得尤为严重。中国统计年鉴数据显示，截至 2018 年底，中国 60 周岁及以上的老年人口数已达 2.5 亿人，占总人口的 17.9%，这表明我国人口已经处于严重老龄化状态。目前我国社会人口老龄化进程不断加剧，高龄老年人口将以年均 100 万人的速度快速增加，预计到 2050 年将达到 4.79 亿人，占总人口的 35.1%，失能和半失能老年人口预计将在 2020 年突破 4000 万人。

我国从 1999 年正式步入人口老龄化社会，老年人口在过去 19 年间净增加了 1.18 亿人，中国成为目前世界上唯一一个具有超过 2 亿老年人口数的国家。超前于经济发展水平的人口老龄化使我国成为典型的未富先老型社会，导致全社会抚养负担大幅提升。随着老龄人口的增长、平均预期寿命的延长，居民对于养老保障的需求也在迅速增长。然而现阶段我国大部分家庭呈现出"4-2-1"的模式，家庭结构的小型化和空巢化使年轻一代工作人口照顾护理家中老人的责任和负担逐渐加重，导致传统家庭养老功能逐渐弱化，而失能老人的存在更是给家庭带来人手短缺的难题和更大的经济压力，从而影响到年轻一代的正常生活和工作，甚至可能影响到整个社会经济活动的正常进行。另外，目前社会和市场还不能提供充足的长期护理保障，于是许多有相关需求的老年人不得不选择长期住院的方式，这样又会导致大量公共医疗资源被占用，社会医疗保险基金的给付压力也不断增加。面对当前我国人口老龄化高速发展的态势，如何更好地关照到失能和半失能的老人，适当减轻其子女和家庭提供长期护理服务的压力与经济负担，是一个受到全社会重点关注、亟待解决的难题，而长期护理保险制度则有望让这一难题得到适当缓解。因此，国家应尽快建立长期护理保险制度以满足老年人多方面的养老需求。

根据国家"十三五"规划制定的"健康中国"战略，2016 年 6 月 27 日人力资源和社会保障部办公厅印发了《关于长期护理保险制度试点的指导意见》（以下简称《意见》），在全国范围内选择了15个城市启动长期护理保险制度的试点，并强调探索建立长期护理保险制度是应对人口老龄化、促进社会经济发展的重大战略举措。《意见》预计将用1~2年的时间探索实践、积累经验，力争在2020年之前基本形成适应我国社会主义市场经济体制的长期护理保险制度政策框架。2017年6月21日，国务院常务会议再次明确了我国发展长期护理保险的政策导向，并印发相关文件对探索建立这方面制度的首批试点城市再次作出明确要求。2019年十三届全国人大二次会议上的《政府工作报告》也提出要进一步扩大长期护理保险制度试点，让老年人拥有幸福晚年。

在这样的社会大背景下，研究居民对当前试行中的长期护理保险制度的认知情况和参保意愿具有极其重要的理论意义和政策价值，有助于为我国尽快建立和实施推广长期护理保险制度提供更多参考依据和可行性建议，对应对人口老龄化、健全社会保障体系建设、有效改善民生、促进社会经济发展、共享改革发展成果都具有十分积极的影响。本文以湖北省荆门市试点为例，通过调查荆门市居民现阶段对长期护理保险的认知情况和参保意愿，研究影响其参加长期护理保险的因素，进一步探讨评价荆门试点的工作成效，以期为我国建立长期护理保险制度提供相关的理论依据和政策建议。

二、文献回顾

（一）国外研究综述

西方学术界对长期护理保险的研究开始较早，相比国内的研究发展较为成熟，国外长期护理保险制度的实践也已经进入比较成熟的阶段。根据现有文献，目前国外对于长期护理保险需求方面的研究主要集中于理论性研究，而实证研究较少，基本上是针对个别影响因素进行微观分析。一般国外学者认为，影响长期护理保险参保需求的因素大致可以归纳为家庭因素、经济因素、健康水平、风险意识、受教育程度、性别因素和替代品因素等方面[1-4]。这些结论为我国长期护理保险参保需求的影响因素分析提供了不错的思路和相对成熟的经验，但是实际中我们还需要结合中国的具体国情来开展相关的分析和研究工作。

(二) 国内研究综述

1. 宏观层面

荆涛等发现社会保险支出对商业性长期护理保险需求有正向影响，但是宏观层面的城镇居民人均收入、一年期金融机构法定存款利率和当前通货膨胀程度等因素对长期护理保险需求的影响并不显著[5]。

陈蕾利用我国2009—2010年26个省份的数据进行多元线性回归分析，通过建立城镇居民和农村居民的护理保险需求模型，发现城乡居民失能率、城乡居民收入水平和65岁及以上老年人口数会对长期护理保险需求有显著影响，而居民受教育程度则无显著影响；家庭规模也仅对城镇居民的长期护理保险需求有负向影响，而对农村居民的长期护理保险需求无显著影响[6]。

以上海市为例，张悦选取经济因素和非经济因素进行了相关实证分析，认为城镇居民人均可支配收入、社保覆盖率和人均受教育年限会对居民的长期护理保险需求产生显著影响，而通货膨胀因素、利率、社保支出、性别比和家庭规模则对长期护理保险需求的影响较小[7]。

邓庆彪、周芳仪认为，无论长期还是短期，GDP、产业结构、居民收入、老年抚养比和城市化水平对长期护理保险需求的影响都是正向的，社保基金收入和家庭规模对长期护理保险的需求影响都是负向的，而利率因素在长期内与长期护理保险需求呈正相关关系，短期内则呈负相关关系[8]。

通过文献梳理可以看出，国内学者的研究主要是探讨收入水平、利率、通货膨胀率、社会保险支出、受教育程度、家庭规模等宏观因素对长期护理保险需求的影响。然而由于宏观变量之间的关系比较复杂，因此在实证研究中很少发现有因素表现出显著的影响效果，不同学者之间也很难得出一致的研究结论。故本文考虑更多地从微观层面着手，对影响居民参加长期护理保险意愿的因素进行研究分析。

2. 微观层面

汤文巍通过对上海市居民和护理院进行抽样调查，发现影响长期护理保险需求的因素主要有家庭经济状况、家庭结构、家庭观念和长期护理机构的可及性[9]。

孟昶利用Logistic模型选取苏州、扬州和淮安的投保人群进行实证分析，发现人口统计学特征中只有家庭居住地变量对参保意愿具有显著影响，生活状况中是否有需要长期护理的家庭成员和每月生活开支会对需求意愿产生显著影响，而其他因素的影响效果表现都不显著[10]。

张铭通过对大连地区的长期护理保险市场进行问卷调查，发现健康因素（身心健康）、经济因素（支付能力）、社会因素（社会支持）及意识观念因素（保险认知）对长期护理保险的需求有显著影响，而人口统计学因素（性别、受教育程度等）对长期护理保险需求的影响并不显著[11]。

申坤分析了长期护理保险的参保意愿和参保决策之间的关系。发现健康因素、观念因素和认知因素对参保意愿存在影响，且受教育程度对其影响较大；而经济因素、信任因素以及个人特征层面的年龄、健康状况对参保决策存在影响[12]。

曹信邦、陈强把微观因素划分为个人特征、家庭状况、经济因素和意识观念四个方面，通过Logistic回归分析得出个体特征中的地区、年龄、身体健康状况和职业性质，经济因素中的家庭年收入，意识观念领域的护理服务机构的护理服务质量、风险意识、对护理保险的了解程度是影响长期护理保险需求的主要因素[13]。

曹艳春等通过分析湖北和上海两地的农村居民参加长期护理保险的意愿，发现家庭照顾依然是农村养老的主要方式，专业的长期照护体系正在逐渐走入农村视野，但老年人的长期照护意愿仍然存在地区差异。老年人对照护方式的选择受文化程度、收入、婚姻状况、参与其他社会保险等因素的影响，尤其是受到经济因素的显著影响[14]。

赵娜、陈凯经过相关研究，发现教育、收入和健康状况，以及护理发生概率和护理成本会对参加长期护理保险的意愿产生显著影响[15]。

杨帆、杨成钢采用逐步回归的方法发现，个人特征因素中的年龄、性别、受教育年限和经济来源是影响养老意愿的主要因素。而当模型中加入家庭结构和代际交换因素之后，个人特征因素的影响效果会减弱，但性别和经济来源仍对养老意愿具有显著影响。具体表现在以下几方面：在家庭结构因素中，如果家庭中的老人和高文化程度成员占比较高，那么被调查者就会更倾向于选择社会养老模式；而在代际交换因素中，老人与子女的关系、老人的付出才是影响其养老意愿的主要因素[16]。

综合来看，国内微观层面的实证研究主要是通过学者们运用 Logistic 回归模型对所收集到的调查问卷数据进行分析，从问卷的设计到调查样本的选取都具有较强的针对性，最后研究分析结果也发现了很多表现显著的影响因素，因此具有一定的实际意义。

3. 综合分析

部分学者在对长期护理保险的参保意愿进行分析时也会综合宏观因素和微观因素来一起进行考量。如李萌将影响因素分为宏观因素和微观因素两大类，利用向量自回归模型（VaR 模型）分析其对长期护理保险需求的影响。其选取的宏观影响因素包括收入水平、利率、通货膨胀率、社会保障中替代品的替代效应；选取的微观因素包括家庭规模、受教育水平和老年人失能率。通过实证研究，她得出结论，认为长期护理保险需求的影响因素主要有通货膨胀水平、失能率、受教育程度和家庭规模，而收入水平、利率和社保支出虽然对我国长期护理保险需求的影响效果不显著，但是也具有一定的影响作用[17]。周芳仪则将影响长期护理保险需求的因素归结为宏观层面（经济类、社会类、环境类）以及微观层面（人口统计类）共计四大类因素。针对前三类因素她选用 1990—2013 年全国范围的时间序列数据，而针对人口统计类因素则以长株潭地区为例采用问卷调查来收集相关数据，并建立了 Logistic 模型进行回归分析。通过实证研究，发现医疗保险与养老保险的替代作用、通货膨胀、老年人口抚养比、文化程度、居住方式、子女数量等因素均对长期护理保险的需求产生显著影响[18]。

(三) 创新之处

具体来看，以往相关研究主要集中于理论层面，探讨了试点和制度建立的必要性，以及概括性分析制度目前在试点的实施效果，而微观实证研究较少。本文以荆门试点为例，对试点居民的认知情况、参保意愿及影响因素展开分析，具有一定的创新意义，对了解和评价荆门试点的长期护理保险制度也具有参考价值。

三、荆门试点概况

(一) 试点情况介绍

荆门是坐落在湖北省的长寿之乡，老龄化问题严重，失能人口数不容小觑。截至2016年底，荆门市60岁以上老年人口达47万人，其中完全失能的有8800多人，导致近万个家庭受到老年人照护难题的困扰。作为中南地区唯一一个被纳入国家长期护理保险制度首批试点的城市，自2016年6月人社部印发《意见》以来，荆门市政府高度重视长期护理保险制度的试点工作，将其纳入2016年全市重点改革项目，列为"一号民生工程"，并分别于2017年1月和2018年7月先后印发了相关的通知和文件，包括《荆门市长期护理保险办法（试行）》《荆门市长期护理保险实施细则（试行）》《荆门市长期护理保险定点服务机构管理办法（试行）》和《关于加强长期护理服务从业人员队伍建设的意见》。根据相关文件中的规划，荆门市将建立独立的长期护理保险制度，并将其纳入人社部门的管理，制度规定为保障对象提供居家护理、养老机构护理、医院护理三种方式的护理服务。同时，结合医疗保险城乡整合工作，拟将包括农村居民在内的所有人员纳入长期护理保险的参保范围，使他们在参加基本医疗保险时同步参加长期护理保险。为积累经验、避免盲目冒进，荆门市的长期护理保险试点工作计划从2016—2018年在三年内分步展开，最终实现制度从职工扩展到城乡居民并最终覆盖全员的构想。

从国家确定试点到相关政策制度出台，荆门市仅用半年时间就实现了长期护理保险制度的从无到有、从构想到落地，该制度成为民生保障的新支点。试点两年多来，荆门市上下通力合作，快速实现了"政策制度框架、定点机构建设、护理队伍发展、服务标准体系、信息软件研发、商保合作经办"共"六个突破"，其工作方案和实施效果也得到了人社部调研组的肯定。截至2018年6月底，荆门市全市共计有参保人员244万人，受理待遇申请的有4570人，正在享受待遇的有2300余人，其基金支付水平为月人均2380元，全年人均可达28560元，已经超过了一般服务行业的工资水平，极大地提升了失能人员的生活质量和生存尊严，缓解了失能家庭照料照护困难和资金问题，受到了社会的普遍欢迎。

(二) 制度分析评价

本文将Gilbert和Terrell的社会福利政策分析框架，延伸构建成包括目标体系、分配基础、分配内容、提供策略及筹资方式在内的五个维度的分析框架，从政策制度设计层面对荆门市试点的长期护理保险制度进行较为全面的分析和评价。

1. 目标体系（Why）

长期护理保险制度是为积极应对人口老龄化、解决失能人员的长期护理保障、提升失能人员生活质量而设计的，为因年老、疾病或伤残丧失日常生活能力而需要长期照料照护的参保人员提供护理服务保障的一种社会保障制度。荆门市长期护理保险制度坚持广覆盖、保基本、多层次、可持续的方针，保险水平与经济社会发展水平相适应。

将社会目标放在第一位，由社会建立市、县（市、区）两级长期护理保险基金，主要用于支付失能人员基本生活照料和与基本生活密切相关的医疗护理等费用，分散参保人群的风险，为其提供一定的经济和服务保障，减轻家庭养老负担和社会养老成本，为我国的人口老龄化社会创造良好的养老环境，起到促进经济发展和维护社会安定的作用。

2. 分配基础（Whom）——普遍主义与选择主义并重的需求导向

根据试行办法，荆门市长期护理保险参保对象为荆门市辖区基本医疗保险参保人员，在参加基本医疗保险时同步参加长期护理保险，保障对象为长期处于失能状态的参保人员。

荆门市最初计划稳步推进试点工作，逐步扩大长期护理保险的参保范围。目前已经基本实现了制度覆盖全民、服务统一实行经办，这使长期护理保险制度具有了普遍主义的色彩。具体表现为，无论参保人员的身份、年龄和职务高低，只要其具备年老、疾病、伤残等原因长年卧床，或具备经过不少于6个月治疗、病情基本稳定且生活不能自理的基本条件，在按照《日常生活活动能力评定量表》评定打分低于40分之后，均可享受长期护理待遇。但在具体的护理服务申请方面，参保人员需要根据自己的评定分数以及相关规定条件来申请长期护理保险待遇。而且长期护理保险提供的护理服务、待遇支付标准和相关定点机构制订的护理计划等也是根据保障对象的护理需求来确定的，这种注重成本—效益的按需分配模式又使长期护理保险制度披上了选择主义的色彩，体现了其需求导向非一般配给的本质特征。

荆门市长期护理保险制度这种普遍主义与选择主义并重的需求导向特点，既兼顾了社会效益，又注重了经济效益，体现了公平与效率的有机结合，有利于制度的覆盖推广、切实保障作用和可持续性发展的实现。

3. 分配内容（What）——"三方式"长期护理服务

荆门市长期护理保险制度主要为有需要的参保人员提供相关的长期护理服务，包括由承担居家护理业务的定点服务机构指派护理人员到保障对象家中提供的非全日或全日的居家护理、由承担养老机构护理业务的定点服务机构为入住本机构的保障对象提供长期的24小时连续护理服务，以及由承担医院护理业务的定点服务机构设置医疗专护病区为入住的保障对象提供长期的24小时连续医院护理服务。

荆门市长期护理保险制度采用居家护理、养老机构护理及医院护理"三方式"长期护理服务，能够全方位、有针对性地满足失能人群的护理需求，切实实现制度的保障功能。

4. 提供策略（Who）——政府主导的社会化合作模式

政府始终是长期护理保险制度的责任主体，需要为自身各部门和市场上相关定点服务机构共同参与长期护理保险制度提供政策支持以及营造良好的社会环境和市场环境。荆门市长期护理保险遵循市级统筹、分级管理的原则，市人民政府负责制定长期护理保险政策，指导和监督各地、各部门落实长期护理保险制度。各县（市、区）人民政府负责本地区长期护理保险基金的筹集、使用和管理，组织实施本地区长期护理保险工作。人力资源和社会保障部门负责开展长期护理保险工作，并会同有关部门制定、调整长期护理保险基金的筹集、支付标准，制定经办服务规程和护理服务机构准入标准及管理办法。医保经办机构负责辖区内长期护理保险业务经办管理工作。财政部门、民政部门、卫生计生部门以及物价、残联、老龄办、总工会、红十字会、慈善总会等单位分别按照各自职责协同做好长期护理保险的有关工作。除政府及其各部门发挥主导作用以外，为提升经办服务的能力和水平，荆门市还在探索委托第三方开展经办服务的新型管理服务模式，计划引进有资质的商业保险机构参与长期护理保险的经办工作。

各类定点服务机构是政府的重要合作伙伴，包括各种营利性组织和非营利性组织，以及社区卫生服务中心（站）和乡镇卫生院成立的护理服务站等，它们与医保经办机构签订协议，担当着长期护理服务的供给主体，通过或集中或分散的方式为失能人群提供相关的专业服务。同时还要担任失能人群与政府之间沟通的媒介，促进长期护理保险制度有效运行。

荆门市构建这种多主体的长期护理保险制度服务体系，一方面，可以缓解政府工作的压力，提高制度服务的效果和效率；另一方面，可以推动社会组织共同参与公共事务，加强社会责任感，提高社会凝聚力，促进社会和谐稳定和国家长治久安。

5. 筹资方式（How）——多渠道筹资、激励式缴费

荆门市长期护理保险基金采取个人缴纳、医保统筹基金划拨、财政补助等方式筹集资金，按照本市上年度居民人均可支配收入的0.4%确定，与基本医保同步征收。其中，个人承担37.5%，医保统筹基金划拨25%，财政补助37.5%。同时，荆门市还建立了参保缴费激励机制，实行缴费年限与待遇水平挂钩，鼓励早参保和连续缴费，累计缴满15年、30年、45年、60年以上的，待遇水平可分别提高4%、6%、8%、10%。这种多渠道筹资

的模式有助于制度的实施和可持续发展,而激励式缴费机制则有利于提高居民参保的积极性,从而促进制度的推广覆盖。

尽管荆门市长期护理保险的试点工作取得了巨大的成效,但是目前仍处于推进期,居民对于长期护理保险制度的认识和了解程度会直接影响到居民的参保意愿,而通过研究居民的参保意愿及其影响因素,能够进一步对制度提出相关的改进建议,从而有助于推动荆门市乃至全国长期护理保险制度的发展。

四、数据与变量

(一) 数据来源

以湖北省荆门市的居民为研究对象进行问卷调查,共计发放问卷220份,回收问卷203份,回收率为92.3%,其中,有效问卷为199份,有效率为98%。围绕研究主题,本文的问卷设计具有一定的针对性,以了解荆门市居民对长期护理保险的认知状况和参保意愿为目的,对被调查者的基本情况、健康状况、经济状况、认知状况、预期情况和参保缴费意愿等方面进行相关问题设计。发放回收问卷后录入统计数据,运用 SPSS 17.0 软件进行描述性统计分析和 Logistic 回归分析,获取荆门市居民的基本人口社会学特征、家庭经济条件、健康状况,以及对长期护理保险的认知情况和参保意愿情况,并对其参保意愿进行了影响因素分析。

(二) 受访者基本情况

1. 人口社会学特征

本研究调查对象为荆门市居民,人口社会学特征如表1所示。在接受调查的居民中,男性略多于女性。在年龄构成中,"30岁及以下"居民所占比例最大(49.2%)。文化程度分布较为平均,"小学及以下"最少,占比为3.5%。婚姻构成上多为"未婚"(42.7%)和"已婚"(54.8%)。家庭子女数多为"1个"和"2个及以上",未婚无子女的也占比较大(38.7%)。居住情况以"与配偶同住"为主,极少数在"养老机构居住"。

表1　　　　　　　　居民人口社会学特征

项目	类别	人数	百分比（%）
性别	男	108	54.3
	女	91	45.7
年龄	30岁及以下	98	49.2
	31~44岁	65	32.7
	45~59岁	22	11.1
	60岁及以上	14	7.0
文化程度	小学及以下	7	3.5
	初中/中专	41	20.6
	高中/职高	35	17.6
	大专	48	24.1
	本科及以上	68	34.2
婚姻状况	未婚	85	42.7
	已婚	109	54.8
	离异	3	1.5
	丧偶	2	1.0
家庭子女数	0个	77	38.7
	1个	73	36.7
	2个及以上	49	24.6
居住情况	独居	47	23.6
	与配偶同住	84	42.2
	与子女同住	24	12.1
	养老机构居住	1	0.5
	其他	43	21.6
合计	—	199	100

2. 经济状况

从月收入水平来看，居民收入大多集中在6000元以下，6000元以上高收入者约占1/4。近八成居民参加了社会医疗保险（城镇职工基本医疗保险和城乡居民基本医疗保险），少数居民还参加了商业医疗保险和其他保险。养老方面，超半数居民预期可依靠"离退休金/养老金"来养老，1/4的居民认为可依靠劳动收入来维持老年生活，少数居民打算依靠"家庭成员供养"（6%）和其他方式（13.6%）来养老。由此可见，居民整体的经济状况良好，社会医疗保险覆盖率较高，大多数居民都预期有稳定可靠的老年生活来源（见表2）。

表2　　　　　　　　　　居民经济状况

项目	类别	人数	百分比（%）
月收入	3000元及以下	63	31.7
	3001~6000元	84	42.2
	6001~9000元	26	13.1
	9001元及以上	26	13.1
参保情况	城镇职工基本医疗保险	80	40.2
	城乡居民基本医疗保险	79	39.7
	商业医疗保险	25	12.6
	其他	15	7.5
预期老年生活来源	劳动收入	50	25.1
	离退休金/养老金	110	55.3
	家庭成员供养	12	6.0
	其他	27	13.6

3. 健康状况

如表3所示，居民认为自己身体健康（包括比较健康和很健康）的为64.8%，占大多数，认为自评身体情况一般的为28.6%，将近1/3，认为身体不健康（包括比较不健康和很不健康）的占比较少，为6.5%。月平均医疗保健支出在"100元及以下"的居民所占比例最大，为48.2%，其次是"101~300元"，占比为32.2%，近1/5的居民月平均医疗保健支出超过300元。由此可见，居民身体健康状况较好，平均医疗保健支出水平并不是很高。

表3　　　　　　　　　居民健康状况

项目	类别	人数	百分比（%）
健康自评	很不健康	2	1.0
	比较不健康	11	5.5
	一般	57	28.6
	比较健康	98	49.2
	很健康	31	15.6
月平均医疗保健支出	100元及以下	96	48.2
	101~300元	64	32.2
	301~600元	27	13.6
	601元及以上	12	6.0

五、实证结果分析

（一）长期护理保险认知情况

由表4可知，有18.1%的荆门市居民表示"完全不了解"长期护理保险，"比较了解"和"非常了解"的仅占1/10，"不太了解"的近半数。了解途径方面，"新闻媒体"（31.7%）和"其他"（36.2%）方式作用最大，"政府宣传"（16.1%）及"居委会/村委会"（8%）的宣传工作不是很到位，效果不明显。由此可见，荆门市居民对长期护理保险的认知度较低，政府政策宣传工作还有待加强。

表4　　　　　　　长期护理保险认知情况

项目	类别	人数	百分比（%）
了解程度	完全不了解	36	18.1
	不太了解	95	47.7
	一般	48	24.1
	比较了解	17	8.5
	非常了解	3	1.5
了解途径	政府宣传	32	16.1
	新闻媒体	63	31.7
	居委会/村委会	16	8.0
	亲人朋友	16	8.0
	其他	72	36.2

由表5可知，在简单介绍后，荆门市居民对现行制度下长期护理保险的给付水平（70.9%）和补贴水平（77.9%）评价一般化，说明现行制度下的长期护理保险可能未达到居民的一般需求，还存在改进空间。

表5　　　　　　　　居民对当前长期护理保险制度的评价情况

项目	类别	人数	百分比（%）
给付水平评价（对于符合条件的失能参保对象，护理费用每人每日限额100~150元，由长期护理保险基金支付70%~80%，个人承担20%~30%）	非常高	5	2.5
	比较高	33	16.6
	一般	141	70.9
	比较低	15	7.5
	非常低	5	2.5
财政和医保基金补贴水平评价（2017年荆门市长期护理保险筹资水平为人均80元。其中，个人缴纳30元，财政补贴30元，医保基金划拨20元）	非常高	1	0.5
	比较高	11	5.5
	一般	155	77.9
	比较低	23	11.6
	非常低	9	4.5

（二）长期护理保险参保意愿情况

1. 基本情况

如表6所示，在参加问卷调查的荆门市居民中，有40.7%的人不愿意参加长期护理保险，绝大多数（59.3%）居民还是愿意参加的。对于连续缴纳长期护理保险费，表示"一般"意愿的居民占半数（51.3%），愿意（包括比较愿意和非常愿意）的居民占22.6%，不愿意（包括比较不愿意和非常不愿意）的居民占26.1%。由此可见，虽然荆门市居民有较为明确的参保意愿，但是他们连续缴纳长期护理保险费的积极性并不高，这意味着他们对年老时长期护理服务的需求并未完全转化为对长期护理保险的有效需求。下面将从居民对未来预期的角度分析这种情况产生的原因，以期找出影响荆门市居民参保缴费意愿的因素。

表6　　　　　　　　　居民参保意愿基本情况

项目	类别	人数	百分比（%）
参保意愿	愿意	118	59.3
	不愿意	81	40.7
连续缴纳保费意愿	非常不愿意	10	5.0
	比较不愿意	42	21.1
	一般	102	51.3
	比较愿意	36	18.1
	非常愿意	9	4.5

2. 年老预期情况

如表7所示，分析被调查者对年老时的预期情况可以发现，担忧（包括比较担忧和非常担忧）、一般、不担忧（包括不太担忧和完全不担忧）未来老年失能的居民分布比较均匀，均约占1/3。养老方面，超半数居民预期可依靠"离退休金/养老金"来养老，1/4的居民认为可依靠劳动收入来维持老年生活，少数居民打算依靠"家庭成员供养"（6%）和其他方式（13.6%）来养老。由此可见，大多数居民都预期未来有稳定可靠的老年生活来源，所以认为养老并不会特别困难，仅13.6%的居民认为未来养老有困难（包括比较困难和非常困难）。从居民期望年老时的居住情况和被照顾情况来看，大多数居民倾向于依赖配偶和子女来养老，对于居家养老普遍接受度较高，机构养老服务模式的接受度和普及度还较低。

表7　　　　　　　　　居民的年老预期情况

项目	类别	人数	百分比（%）
老年失能担忧程度	非常担忧	13	6.5
	比较担忧	59	29.6
	一般	63	31.7
	不太担忧	48	24.1
	完全不担忧	16	8.0
预期老年生活来源	劳动收入	50	25.1
	离退休金/养老金	110	55.3
	家庭成员供养	12	6.0
	其他	27	13.6

续表

项目	类别	人数	百分比（%）
预期养老困难程度	非常困难	7	3.5
	比较困难	20	10.1
	一般	90	45.2
	不太困难	65	32.7
	完全不困难	17	8.5
期望年老居住情况	独居	17	8.5
	与配偶同住	139	69.8
	与子女同住	24	12.1
	养老机构居住	11	5.5
	其他	8	4.0
期望年老被照顾情况	配偶	82	41.2
	子女	64	32.2
	机构工作人员	23	11.6
	其他	30	15.1

从宏观层面和客观角度来看，在我国社会保障事业规模化发展和广覆盖的前提下，民众的风险意识和保险意识已经得到了提高，认可长期护理保险制度的有用性，也认可未来实际的养老医护需求可能会通过长期护理保险制度来满足，所以才会得出大部分居民愿意参保的调查结果。

但具体来看，居民对年老时的个人预期情况会对他们是否参加长期护理保险并连续缴纳保费形成一定影响。由于对未来年老时的健康状况较为乐观，相信在现行社保制度下可以有稳定的生活来源，以及预期能够获得来自家庭成员的照护，所以民众普遍认为未来养老并不困难。加上社会公众目前对于机构养老及医护服务的养老模式的接受度和适应性不强，传统养老观念还未适时转变，因此出现制度实际吸引力不大、居民连续缴纳保费的积极性不高等现象，这也影响了居民实际参加长期护理保险的意愿，最终呈现出上述结果。

（三）长期护理保险参保意愿影响因素分析

1. 变量设定

具体变量设定如表8所示。

表8 变量选取与赋值

自变量	变量性质及赋值方式
人口社会学特征	
性别	分类变量：男=1，女=0
年龄	定距变量：30周岁及以下=1，31~44周岁=2，45~59周岁=3，60周岁及以上=4
文化程度	分类变量：小学及以下=1，初中/中专=2，高中/职高=3，大专=4，本科及以上=5
婚姻状况	分类变量：未婚=1，已婚=2，离异=3，丧偶=4
家庭子女数	定距变量：0个=0，1个=1，2个及以上=2
居住情况	分类变量：独居、与配偶同住、与子女同住=1，养老机构居住及其他=2
月收入	定距变量：3000元及以下=3000，3001~6000元=4500，6001~9000元=7500，9001元及以上=9000
保险参与情况	
参保情况	分类变量：没有保险=0，城镇职工基本医疗保险、城乡居民基本医疗保险=1，商业医疗保险、其他=2
健康状况	
健康自评	连续性数值变量：很不健康=1，比较不健康=2，一般=3，比较健康=4，很健康=5
月平均医疗保健支出	定距变量：100元及以下=100，101~300元=200，301~600元=450，601元及以上=600
长期护理保险需求	
了解程度	连续性数值变量：完全不了解=1，不太了解=2，一般=3，比较了解=4，非常了解=5
给付水平评价	连续性数值变量：非常高=1，比较高=2，一般=3，比较低=4，非常低=5
补贴水平评价	连续性数值变量：非常高=1，比较高=2，一般=3，比较低=4，非常低=5
期望年老居住情况	分类变量：独居、与配偶同住、与子女同住=1，养老机构居住及其他=2
期望年老被照顾情况	分类变量：配偶、子女=1，相关机构工作人员及其他=2

续表

自变量	变量性质及赋值方式
年老预期情况（风险意识）	
老年失能担忧程度	连续性数值变量：非常担忧=1，比较担忧=2，一般=3，不太担忧=4，完全不担忧=5
预期老年生活来源	分类变量：劳动收入、离退休金/养老金、家庭成员供养=1，其他=2
预期养老困难程度	连续性数值变量：非常困难=1，比较困难=2，一般=3，不太困难=4，完全不困难=5
因变量	变量性质及赋值方式
参保意愿	分类变量：愿意=1，不愿意=0

2. 自变量解释

参考相关文献，本文综合各方面因素考虑，将自变量分为5类，分别从人口社会学特征、保险参与情况、健康状况、长期护理保险需求以及年老预期情况（风险意识）5个维度来反映荆门市居民参加长期护理保险意愿的影响因素。

（1）人口社会学特征

第一类指标反映人口社会学特征，包括性别、年龄、文化程度、婚姻状况、家庭子女数、居住情况和月收入水平等变量。本文将年龄设置为定距变量，分为30周岁及以下、31~44周岁、45~59周岁、60周岁及以上四类。通常情况下，30周岁及以下的年轻人刚进入社会工作不久，工作和社会地位还不够稳定，生活压力也较小，对养老风险的感知能力较弱；31~44周岁的中年人工作已经步入稳定阶段，经济状况良好，但是他们抚养子女和照顾父母的压力也相对较大；45~59周岁的人群工作上升空间较小，其子女也基本已经成人，随着年龄的增大，退休将至，他们会更加考虑自己以后的养老问题；60周岁及以上的老人一般已经退出劳动力市场，依靠自己的退休金、存款及家庭成员供养生活，身体情况也会慢慢变差，可能会有日常的医药消费并且需要相关的医养医护服务，从而高龄人群对长期护理保险的参保意愿可能会更高。

（2）保险参与情况

第二类指标反映被调查者参与保险的情况。由于长期护理费用经常伴随着医疗费用而产生，故本文将此处的保险概念缩小范围限定至医疗保险，包括社会医疗保险（城镇职工基本医疗保险和城乡居民基本医疗保险）和商业医疗保险。同时，基于日常生活经验进行相关假设，即购买商业保险的人对保险的认识一般会更加深入、接受度也会更高，从而相对来讲更有可能采取购买保险的方法来分散自身的风险。然而不容忽视的是，由于存在购买商业保险的费用支出，投保人受到消费支出的限制约束，可能会导致购买过商业保险的人对长期护理保险的实际购买力不会很高。

（3）健康状况

第三类指标反映被调查者的健康状况，包括健康自评和月平均医疗保健支出水平。根据现有文献，有些学者认为一般身体状况差的人同时经济条件也差，从而其购买能力和有效需求就低，进而对长期护理保险的参保意愿变低。但是他们的研究只选择了主观健康状况评价作为指标，对于调查对象实际健康状况的衡量还不够准确全面，所以本文拟选择增加月平均医疗保健支出水平这个指标来辅助考察被调查对象的健康状况。通常情况下认为，在医疗保健方面支出水平较高的人身体健康状况较差，养老就会更困难，从而可能会更倾向于参加长期护理保险。同时，由于医疗保健支出较多，也会存在更大的经济压力，因而参保的缴费能力受到影响，其实际购买力和需求之间存在一定矛盾。

（4）长期护理保险需求

第四类指标反映被调查者对长期护理保险的需求情况，包括对制度的了解程度、对现行制度下长期护理保险的给付水平和补贴水平的评价、期望年老居住情况和期望年老被照顾情况。一般情况下，选择机构养老模式的人，养老费用会更高，相对来讲也就更需要长期护理保险来补贴其费用支出；而选择居家养老模式的人则主要依赖家庭成员来提供养老支持和服务，一般不需要专业的护理人员，从而养老过程所需的护理费用会更少，对长期护理保险的需求也就更小。

(5) 年老预期情况（风险意识）

第五类指标反映被调查者对年老时的预期情况及风险意识，包括对老年失能的担忧程度、预期老年生活来源和预期养老困难程度。本文通过设计调查问卷中的"您对未来老年失能的担忧程度是怎样的？""您预期您年老以后主要的生活来源是什么？""您预期您年老以后养老的困难程度是怎样的？"用这三个问题考察被调查者对养老风险的认知情况。一般认为，风险认知能力越强、风险厌恶程度越高的人，其采取相应措施以应对、分散风险的可能性就会越大，进而参加长期护理保险的意愿就会越强。

3. 因变量解释

参加长期护理保险的意愿（不愿意＝0，愿意＝1）是一个二元选择问题，因此本文采用二元 Logistic 模型回归分析影响荆门市居民参加长期护理保险的因素。模型的因变量为居民对长期护理保险的参保意愿，该变量所需的相关数据通过调查居民"如果长期护理保险为自愿参保，您是否愿意参加？"来取得。

4. Logistic 回归结果分析

为了便于统计和分析比较，根据长期护理保险参保意愿的影响因素即以上五类自变量分别设定了五个模型，用来具体比较不同因素对居民参加长期护理保险意愿的影响效果。模型 1 考察人口社会学特征变量与长期护理保险参保意愿之间的关系；模型 2 在模型 1 的基础上加入保险参与情况变量，考察模型回归系数的变化以及保险参与情况变量与参保意愿之间的关系；模型 3 在模型 2 的基础上进一步引入健康状况变量，考察模型回归系数的变化以及健康状况变量与参保意愿之间的关系；模型 4 又将长期护理保险需求变量引入，考察模型回归系数的变化以及长期护理保险需求变量与参保意愿之间的关系；模型 5 将人口社会学特征、保险参与情况、健康状况、长期护理保险需求和年老预期变量都纳进来，考察模型回归系数的变化以及年老预期情况与参保意愿之间的关系。表 9 展示了荆门市居民参加长期护理保险意愿影响因素的回归分析结果。

表 9 长期护理保险参保意愿影响因素的 Logistic 回归分析结果

变量	模型 1	模型 2	模型 3	模型 4	模型 5
性别	-0.088	-0.108	0.013	-0.014	-0.005
	(0.316)	(0.317)	(0.329)	(0.334)	(0.340)
年龄	0.208	0.210	0.227	0.258	0.223
	(0.243)	(0.243)	(0.245)	(0.250)	(0.262)
文化程度	0.334**	0.325**	0.338**	0.313*	0.264
	(0.155)	(0.155)	(0.158)	(0.163)	(0.174)
婚姻状况	0.401	0.418	0.424	0.448	0.302
	(0.387)	(0.386)	(0.386)	(0.391)	(0.406)
家庭子女数	-0.293	-0.305	-0.343	-0.414*	-0.416*
	(0.230)	(0.231)	(0.234)	(0.243)	(0.243)
居住情况	0.211	0.186	0.215	0.235	0.267
	(0.407)	(0.409)	(0.412)	(0.425)	(0.437)
月收入	0.000	0.000	0.000	0.000	0.000
	(0.000)	(0.000)	(0.000)	(0.000)	(0.000)
参保情况	—	0.311	0.254	0.234	0.299
		(0.396)	(0.408)	(0.418)	(0.434)
健康自评	—	—	-0.094	-0.122	-0.076
			(0.187)	(0.196)	(0.208)
月平均医疗保健支出	—	—	0.002*	0.002*	0.002*
			(0.001)	(0.001)	(0.001)
了解程度	—	—	—	0.101	0.154
				(0.184)	(0.190)
给付水平评价	—	—	—	0.379	0.486*
				(0.273)	(0.280)
补贴水平评价	—	—	—	-0.107	-0.206
				(0.306)	(0.317)
期望年老居住情况	—	—	—	—	0.150
					(0.611)
期望年老被照顾情况	—	—	—	—	-0.467
					(0.397)

续表

变量	模型1	模型2	模型3	模型4	模型5
老年失能担忧程度	—	—	—	—	0.109 (0.180)
预期老年生活来源	—	—	—	—	-0.676 (0.507)
预期养老困难程度	—	—	—	—	-0.511** (0.220)
常量	-2.373** (1.159)	-2.645** (1.213)	-2.499* (1.424)	-2.909* (1.723)	-1.033 (1.926)

注：***、**、*分别表示在1%、5%、10%的显著性水平上显著；括号内为标准误差。

(1) 人口社会学特征

回归结果显示，在5%的显著性水平上，文化程度这一变量通过了检验，对荆门市居民参加长期护理保险意愿的影响在统计学意义上表现显著。文化程度的回归系数为0.334，说明文化程度越高，居民参加长期护理保险的意愿越强，且结果在控制人口社会学特征、保险参与情况、健康状况、长期护理保险需求等变量的逐步回归中表现较为稳健。但其在加入年老预期情况后不再表现显著，这可能是由于低学历居民会更加担忧自己养老困难以及老年生活来源问题，从而其参保意愿会更加积极。在模型4、模型5中，家庭子女数变量在加入长期护理保险需求和年老预期情况后开始在10%的显著性水平上对居民参保意愿的影响表现显著。对于年老后期望居住在养老机构、接受家庭成员照顾的居民来说，由于子女数较少，预期年老后的生活来源可能会受到更大影响，养老会更加困难，养老压力也会更大。所以，为了减轻个人及子女的养老负担，这部分群体参加长期护理保险的意愿会更加强烈。

(2) 保险参与情况

由于政府主导支持了社会医疗保险的广覆盖，所以如果在自愿情况下，参保社会医疗保险必定会对居民参加长期护理保险产生一定的挤出效应；而商业医疗保险却恰恰相反，购买商业医疗保险的人对于投保以分散风险的行为的认知度和接受度高于只参与社会保险的人,故参加商业医疗保险会在一定程度上促进长期护理保险的参与度。但是根据回归结果,居民保险参与情况对其参加长期护理保险意愿的影响表现不够显著。

(3) 健康状况

根据回归结果,健康自评对居民参加长期护理保险意愿的影响表现不显著。造成这种结果的原因可能是由于大多数荆门市居民对于长期护理保险制度还不够了解,也没有很强的长期护理风险意识,因此健康因素并未对其长期护理保险需求产生明显影响。而月平均医疗保健支出在10%的显著性水平上对居民参保意愿的影响表现显著,说明每月在医疗保健方面支出水平高的人会更倾向于参加长期护理保险来分散医疗支出风险及减轻经济负担,从而使老年健康生活得到更好的保障。

(4) 长期护理保险需求

从回归结果可以看出,对当前长期护理保险制度的了解程度和评价越高、期望年老时居住在养老机构、期望年老时由家人照护的居民会更愿意参加长期护理保险。其中,模型5中在10%的显著性水平下给付水平评价这一变量通过了检验,对居民参保意愿的影响表现显著,回归系数为0.486,说明荆门市居民对当前长期护理保险制度给付水平的评价越高,就会越愿意参加长期护理保险。这表明政府可以考虑在长期护理保险精算平衡的基础上逐步提高给付水平,切实增强居民的"获得感",从而实际提高居民的参保意愿。

(5) 年老预期情况(风险意识)

前期假设居民对于自己老年的预期情况也会影响其参加长期护理保险的意愿。根据回归结果,在模型5中,预期养老困难程度通过了检验,在5%的显著性水平上对居民参保意愿的影响表现显著。其回归系数为负说明,如果居民认为其未来养老较困难,他就会越倾向于参加长期护理保险,希望通过参保这种方式来减轻未来的养老压力。而居民对老年失能的担忧程度以及是否有老年生活来源对其参保意愿的影响并不显著,但是从回归系数可以看出,越不担忧自己老年失能以及预期生活来源越稳定的居民,越倾向于参加长期护理保险，这可能是由个人的风险意识和消费观念所导致的。

六、结论及建议

（一）研究结论

本文以湖北省荆门市试点的长期护理保险制度和居民为研究对象，分析了荆门市试点长期护理保险制度的实施现状，并基于 Gilbert 和 Terrell 的社会福利政策分析框架从理论层面分析评价荆门市长期护理保险制度的政策设计，通过文献研究法和问卷调查法等方法对荆门市试点居民的长期护理保险认知情况、参保意愿展开实证研究，运用 Logistic 回归模型分析了影响参保意愿的因素，得到了初步的结论。下文将在之前研究的基础之上，对研究结果进行较为全面的总结阐述，并试图从居民自身和政府政策这两个角度分析相关结果产生的可能原因。

1. 研究结果

通过描述性统计对荆门市居民在人口社会学特征、经济状况、健康状况等方面的基本情况进行分析。总体来看，大多数居民与家人同住，在养老机构居住的人较少；居民整体的经济状况和身体健康状况良好，荆门市的社会医疗保险的覆盖率较高，大多数居民都预期有稳定可靠的老年生活来源。

根据实证分析结果，荆门市长期护理保险制度的政策宣传途径多种多样，但是居民对于制度的了解和认知程度还有待提高，对于现行制度的评价也偏一般化，整体的参保意愿还不够明确。大多数居民都倾向于依赖家庭成员来养老，对于居家养老模式的接受度普遍较高，机构养老服务模式还有待进一步宣传推广。

Logistic 回归模型从人口社会学特征、保险参与情况、健康状况、长期护理保险需求以及年老预期情况（风险意识）五个层次分析影响荆门市居民参加长期护理保险意愿的因素，发现健康因素、认知因素、观念因素以及风险意识、家庭子女数等因素对居民的参保意愿在不同的显著性水平上存在影响，其中健康因素、观念因素和风险意识对参保意愿的影响更为明显。调查显示，身体健康状况越差、文化程度越高、风险意识越强、对制度评价水平越高的居民，参加长期护理保险制度的意愿越强。

2. 原因分析

(1) 居民自身方面

根据上述结论，荆门市居民中文化程度越高的人会更倾向于参加长期护理保险，这可能是由于教育水平越高的人越能理解防患于未然的道理，也会具有更强的风险意识，同时对保险的认识也更深入，从而会选择将个人或者单个家庭独自承担照料失能老人的风险在参保人之间进行分散，以提高个人抵御失能养老风险的能力。另外，家庭状况调查中显示子女较少的居民会更加倾向参加长期护理保险，这可能是由于家庭护理对长期护理具有一定的挤出效应。如果预期老年时能受到更多子女的照顾，那么居民对于长期护理保险所提供的费用支持和专业人员护理的需求就会相对减少，进而会拉低多子女居民的参保意愿。最后，预期未来养老困难程度的系数为负说明，如果居民认为自己未来养老较为困难，就会更倾向于参加长期护理保险。这可能是由于预期自己将来养老困难的居民具有更强的风险意识，会担心自己在未来面临失能时没有能力承担护理所需费用的风险，从而希望通过参加长期护理保险来减轻自身和家庭未来的养老压力和负担。

(2) 政府政策方面

通过以上分析发现，在政府政策制定方面，荆门市居民对当前长期护理保险制度的给付水平评价与其参保意愿的相关系数为正，说明政府对长期护理保险的给付水平会显著影响居民参加长期护理保险的意愿。制度给付水平越高，居民对于制度的评价就会越好，其参保意愿也就更高。这是因为我国"未富先老"的社会现实和"养儿防老"的传统观念都在一定程度上抑制了居民对长期护理保险的需求，而如果政府对于长期护理保险的给付水平越高，居民参加长期护理保险所承担的成本就越低，其经济负担就会越小，从而有利于增加居民参保的积极性。另外，居民对于制度的了解和认知程度也会影响其参保意愿，因此政府的政策宣传工作还有待进一步加强，居民的传统居家养老观念也需要合理转换，专业机构养老服务模式仍需借助政策平台得到推广和普及。

(二) 政策建议

1. 动态平衡基金收支，逐步提高给付水平

目前，荆门市长期护理保险基金独立于其医疗保险基金而单独设立，共分设县、市两级基金，且县、市基金之间相对独立，资金互不相通，管理体制也是分级分管。然而，荆门市当前的护理费用消费支出日均水平基本在100元以上，由于政府对于护理费用的制度补贴水平设定了最高限额，且长期护理保险基金也只是按规定比例负担部分支出，所以目前居民实际个人承担的护理费用相对来讲还是较高。而荆门市长期护理保险制度目前的缴费标准是每年个人缴纳30元，同期医疗保险统筹基金划拨20元，财政补助30元。因此，在保证资金平衡的基础上，政府补贴力度相对来讲还需要进一步加大。政府应该采取动态筹资的方式以使基金能够可持续地被使用，并且在考虑长期精算平衡的基础上，逐步提高制度给付水平，切实增强居民的"获得感"，提高居民的参保积极性，促进实际参保意愿的增长和制度的推广覆盖。

2. 加快实施分级评定进程，充分满足失能群体需求

荆门市的长期护理保险制度仍然处于试行阶段，目前只保障那些重度的、完全失能的参保人群，资格审核认定程序是比较严格的，有需求的参保人必须达到卧床不起、病情稳定，且生活不能自理、离不开人照护的状态时才能享受到长期护理服务待遇。如老年痴呆等涉及意识清醒问题且需要长期照护的人群还没有被纳入待遇支付的范围，轻度、中度失能群体的需求还未得到充分满足。因此，荆门市政府应当在稳步推进长期护理保险试行工作的同时，进一步尝试将长期护理保险制度服务逐步向诸如脑瘫、老年痴呆等轻度、中度失能群体放开，逐步将各类有需求的失能人员都纳进来，让所有失能人员都尽可能地分级享受到长期护理服务待遇，从而充分满足失能群体的需求，实现制度的保障功能。

3. 大力宣传制度政策，激励居民自愿参保

目前，尽管荆门市对于长期护理保险制度的宣传形式多种多样，居民对于此项政策的知晓度也比较高，但是大部分居民对于长期护理保险制度的认知还只是停留在知道有这项政策，实际并不明白参加长期护理保险的意义，有部分居民对于这项政策在未来是否能够对他们的老年失能生活提供保障仍然存在疑问。因此，荆门市政府对于长期护理保险制度的政策宣传工作不应仅停留在表面，只是简单宣传这种新出来的保险是什么，而应该向居民介绍清楚：为什么要参加这个保险，它能为居民的老年生活带来哪些便利，以及相关资金的管理工作安排等。要做到让居民对长期护理保险的意义感到认同，并能够对此项政策产生信任感，从而切实激励居民自愿参保，通过较为完善的制度保障广大居民的老年生活。

参考文献

[1] Mellor J M. Long－term care and nursing home coverage：are adult children substitutes for insurance policies？[J]. Journal of Health Economics，2001，20（4）.

[2] Lakdawalla Pervin. Speaking from the heart [J]. Contemporary Long-term Care，2002，25（10）.

[3] Marten Lagergren. Whither care of older persons in Sweden？—a prospective analysis based upon simulation model calculations，2000—2030 [J]. Health policy，2005，74（3）.

[4] Jennifer M Mellor. Long－term care and nursing home coverage：are adult children substitutes for insurance policies？[J]. Journal of Health Economics，2001，20（4）.

[5] 荆涛，王靖韬，李莎. 影响我国长期护理保险需求的实证分析 [J]. 北京工商大学学报（社会科学版），2011，26（6）：90-96.

[6] 陈蕾. 长期护理保险需求影响因素研究 [D]. 上海：复旦大学，2012.

[7] 张悦. 上海长期护理保险需求影响因素的实证分析 [J]. 上海保险, 2014 (7): 52–57.

[8] 邓庆彪, 周芳仪. 我国长期护理保险的需求影响因素分析 [J]. 保险职业学院学报, 2015, 29 (2): 31–34.

[9] 汤文巍. 上海市老年长期护理保险 (LTCI) 研究 [D]. 上海: 复旦大学, 2005.

[10] 孟昶. 长期护理保险的需求实证分析 [D]. 北京: 北京大学, 2007.

[11] 张铭. 老年护理保险需求影响因素研究 [D]. 大连: 大连理工大学, 2009.

[12] 申珅. 长期护理保险需求影响因素分析 [D]. 沈阳: 辽宁大学, 2013.

[13] 曹信邦, 陈强. 中国长期护理保险需求影响因素分析 [J]. 中国人口科学, 2014 (4): 102–109, 128.

[14] 曹艳春, 吴蓓, 戴建兵. 中国农村老年人长期照护意愿及其影响因素——基于上海、湖北两地的对比分析 [J]. 大连理工大学学报 (社会科学版), 2014, 35 (1): 117–123.

[15] 赵娜, 陈凯. 风险认知对长期护理保险购买意愿影响分析 [J]. 保险研究, 2015 (10): 84–95.

[16] 杨帆, 杨成钢. 家庭结构和代际交换对养老意愿的影响 [J]. 人口学刊, 2016, 38 (1): 68–76.

[17] 李萌. 我国长期护理保险需求的影响因素分析 [D]. 青岛: 中国海洋大学, 2015.

[18] 周芳仪. 我国长期护理保险的需求研究 [D]. 长沙: 湖南大学, 2015.

我国住房市场结构与效率的相关性研究*
——基于复合关联熵物元模型

◎牟玲玲　李　媛　官　正　孙　铭

河北工业大学，天津，300401

摘　要：市场结构与效率之间的关系，一直以来都是产业组织理论研究领域的核心问题。本文采用复合关联熵物元模型，分析我国住房市场结构与经济效率、公平效率之间的关系，以期为政府部门出台调控政策提供理论依据。研究发现：在经济效率方面，我国住房市场符合产业经济学中的市场力量假说，不符合效率结构假说，经济效率与地方住房市场规模有显著的正向关系；在公平效率方面，我国住房市场绝对集中度对住房市场公平效率有显著的负向影响，降低市场绝对集中度有助于提升市场公平效率；我国住房市场集中度与住房市场效率没有显著影响关系。对此，经济效率较低的地区应通过提高企业进入市场的壁垒以及推进公司的兼并与重组，来提高住房市场的经济效率；公平效率较低的地区应从吸引房地产企业、降低土地获取难度两方面，来提高住房市场的公平效率。

---

* 基金项目：河北省社会科学基金（编号：HB17GL030）；天津市建设工程技术研究所课题（XYGK2018160，ZTCC-1804213）。

关键词： 住房市场　市场结构　经济效率　公平效率　市场效率

我国住房市场起步于20世纪80年代中后期，短短数十年的时间，投资规模、土地开发量、商品房销售额都呈现高速增长的态势。迅速发展的住房市场在为我国经济发展作出巨大贡献的同时，也暴露出房价过高导致低收入群体住房困难等问题。中低收入人群面对过高的房价没有足够的支付能力，生活质量受到明显的影响，住房市场从计划经济向市场经济体制转型的过程中过于依赖住房市场对经济的带动作用，是居民住房不公平等问题的历史原因之一[1]。因此，如何在目前市场经济运行中兼顾效率和公平，需要引起足够的重视。

产业组织理论的研究重点是市场结构和效率，关于两者关系主要有"市场力量假说"和"效率结构假说"两种观点。早期很多国内外学者用实例，针对经济效益这一指标，探索与验证效率与结构之间的关系。随后，一些学者提出在重视经济效率的同时，还应重视公平效率，因为过度重视经济效益而忽视公平性会带来一系列社会问题。房地产业区别于其他工业产业，不仅要追求经济效益，还要考虑住房作为社会中人人需要得到保障的权利，应兼具经济性与公平性。

复合关联熵物元模型已经在各个领域的定量分析中逐渐发挥作用。此类效率评价模型在城市公交系统、绿色施工项目、水电工程项目等复杂系统的评价中发挥了较好的效果，但尚未发现将复合物元模型运用在住房市场效率评价上的研究。本文将基于复合关联熵物元模型，以26个地区住房市场为研究对象，探讨市场结构与经济效率、公平效率、市场效率之间的关系，以期为政府部门出台调控政策提供理论依据。

一、文献回顾

（一）国外研究现状

国外产业结构与效率关系的研究主要从两个视角展开。

第一个视角是基于主流产业组织理论，该理论分成了两个流派，哈佛学派市场力量假说和芝加哥学派效率结构假说。1933年哈佛大学的张伯仑和剑桥大学的罗宾逊,分别出版了《垄断竞争理论》和《不完全竞争经济学》两本专著,他们提出了垄断竞争理论,指出市场结构的变化会影响整个行业的经济效率[2][3],这是哈佛学派的产业组织理论的雏形。1951年哈佛大学的Bain对美国制造业的市场结构和经营效率的关系进行了实证研究[4],1959年其代表作 Industrial Organization 的出版是产业组织理论规范化、合理化的标志,书中充分阐述了市场结构影响市场效率的两阶段范式[5]。

第二个视角是基于效率评价指标,大部分学者依据"帕累托最优"原则来评价效率指标。Bozec通过选取投入—产出指标对希腊房地产上市企业的经济效率进行实证分析,认为希腊住房市场虽然经济效率不高,但是有很大的发展潜力[6]。此外,也有一部分学者指出住房市场中除了经济效率以外,公平效率也需要得到重视。Seong-Kyu Ha认为,政府在住房市场中应该多关注低收入者住房公平问题[7]。Harsman B 和 Quigley J M 提出,在关注住房市场效率性的同时,也应该重视低收入人群的住房公平性和社会政治性[8]。Betty Yung、Fung-Ping Lee认为,必须将住房看作一种个人权利,要保证低收入人群住房权利的平等性[9]。

(二) 国内研究现状

对于住房市场结构研究,国内学者主要有两种观点。一种观点认为住房市场份额被少数几家大型企业占有,住房市场结构属于垄断型;而另一种观点认为住房市场内部企业之间竞争激烈,住房市场结构属于竞争型。林凡通过分析中国TOP50房地产企业的市场集中度发现,未来市场的集中度有进一步增加的趋势,规模大的房地产开发企业发展所面临的风险相对较小,而规模小的房地产开发企业在日益激烈的竞争环境中有很大的生存压力,面临被洗牌的风险[10]。李美莹在研究中指出,我国住房市场结构属于竞争型,要达到寡占型还需很长一段时间[11]。李敏、熊斯婷、张东针对房地产区域性特点对住房市场集中度重新测算,采用30个省份的面板数据,实证分析发现市场集中度对房价有显著正向影响[12]。除了运用市场集中度,杜凤霞利用赫希曼指数测算我国住房市场集中度，结果显示我国住房市场集中度偏低，属于竞争型市场结构[13]。还有一部分学者认为我国住房市场集中度较高，属于垄断型市场结构，他们一般以某一城市或区域为研究对象。彭嘉欣在SCP理论的基础上对全国35个大中城市的市场集中度进行测算分析，发现市场仍处于竞争性格局，但是部分城市已经转型[14]。刘树枫采用集中度和赫希曼—赫佛因得指数考察房地产业市场的集中程度，指出我国房地产市场应进行适度集中的结构优化[15]。孙炜从"结构—行为—效率"的角度对珠海市住房市场进行了研究，发现珠海市住房市场集中度较高[16]。

二、我国住房市场结构分析

市场结构也称市场模式，主要反映竞争程度不同的市场状态，贝恩在代表作《产业组织》中基于绝对集中度指数（CR_n指数）把市场结构分为极高寡占、高集中寡占等6个类型（见表1）[17]，后来的学者根据前人经验将市场结构分为完全竞争、垄断竞争、寡头垄断和完全垄断四种结构类型[18]。绝对集中度可以代表排名靠前的企业的市场占有率，但是忽略了市场中所有企业的规模情况；而相对集中度可以很好地反映市场中所有企业规模分布情况，但是忽略了市场中排名靠前的企业的占有率。本文运用住房市场绝对集中度和相对集中度指标评价我国住房市场结构，既可以了解市场中排名靠前企业的市场占有率，又可以知道市场中所有企业规模分布情况。

（一）我国住房市场绝对集中度

表1　　　　　　　　经济学家贝恩对市场结构的划分标准

类型	CR_4（%）	CR_8（%）
极高寡占	$75 \leqslant CR_4$	—
高集中寡占	$65 \leqslant CR_4 < 75$	$85 \leqslant CR_8$
中上集中寡占	$50 \leqslant CR_4 < 65$	$75 \leqslant CR_8 < 85$
中下集中寡占	$35 \leqslant CR_4 < 50$	$45 \leqslant CR_8 < 75$
低集中寡占	$30 \leqslant CR_4 < 35$	$40 \leqslant CR_8 < 45$
竞争型	$CR_4 < 30$	$CR_8 < 40$

由于云南、甘肃、新疆、青海、西藏五个地区部分数据缺失,故本文的研究对象为我国26个省(自治区、直辖市)。用行业集中度(CR)指标来测算我国房地产行业市场的绝对集中度。由于某一地区排名前4或前8的企业数据较难获取,本文采用地区一级资质企业的商品房销售额替代排名前4或前8企业的商品房销售额,选用《中国房地产统计年鉴》中各地区一级资质企业的商品房销售额占地区住房市场全部销售额的比例测算住房市场绝对集中度。

计算结果显示,我国市场集中度CR值均小于30%(见附录),即我国26个地区住房市场均属于竞争型市场结构。这说明我国房地产开发市场还处于竞争非常激烈的时期,尚未形成垄断的市场结构。从图1可以看出,我国住房市场平均CR指数呈逐年下降趋势,说明龙头企业市场份额有所下降,市场集中度也逐年降低。

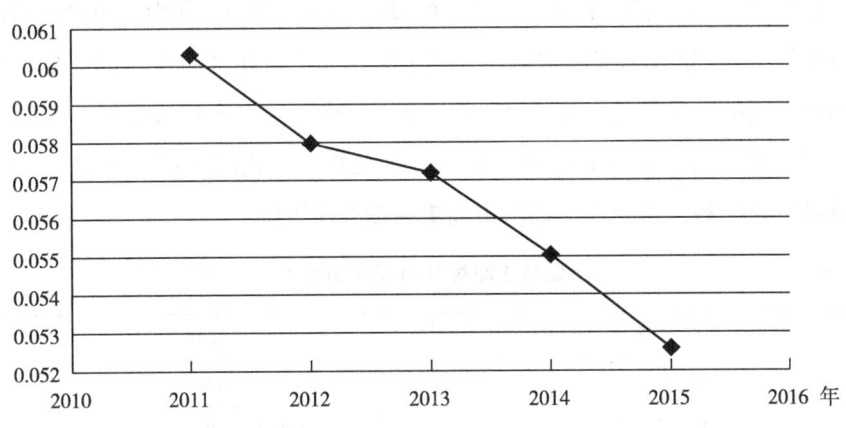

图1 我国住房市场CR值趋势

(二)我国住房市场相对集中度

基于我国对房地产开发企业实行分级管理制度的现实情况,即根据企业的注册资本、经营年限、近年投资额、专业人员数量等给予企业相应的资质等级。本文根据张红、王越等学者的简化处理方法[19-20],设定相同资质等级的房地产企业具有相似的竞争力。

HHI是一种测量相对市场集中度的综合指数,它是指一个行业中各企

业市场份额的平方和，计算公式为

$$\mathrm{HHI} = \sum_{I=1}^{n} \left(\frac{xi}{X}\right)^2 = \sum_{i=1}^{n} Si^2 \qquad (1)$$

HHI值的范围大于0小于1，HHI=0时表示完全竞争，HHI=1时表示完全垄断。数值越大，越接近于1表示集中程度越高。由于将市场份额平方后可以放大市场中占据较大市场份额企业的影响力，因此HHI指标不仅能够能完整地反映市场的垄断竞争程度，还能较好地体现龙头企业对市场结构的显著影响作用。由于计算得出的HHI指数值非常小，其一般乘以10000来表示实际值。按照通常运用的标准，当HHI大于1800时，说明市场集中度较高；如果HHI大于1000小于1800，则表示市场集中度适中；当HHI指数小于1000时，说明该市场集中度较低。本文参照美国司法部的做法将HHI作为评估某一产业集中度指标的标准，具体划分标准见表2。

根据表2，我国26个地区住房市场HHI均小于500，即为竞争型市场结构（见附录）。这说明我国房地产开发市场还处于竞争非常激烈的时期，尚未形成垄断的市场结构。图2为HHI指数趋势图，横坐标表示时间，纵坐标表示HHI指数。从时间序列来看，2011—2015年我国住房市场HHI指数总体呈下降趋势，说明我国住房市场集中度有所下降。

表2　　　　　　　　美国司法部对HHI的划分标准

类型	HHI
高寡占Ⅰ型	3000 ≤ HHI
高寡占Ⅱ型	1800 ≤ HHI < 3000
低寡占Ⅰ型	1400 ≤ HHI < 1800
低寡占Ⅱ型	1000 ≤ HHI < 1400
竞争Ⅰ型	500 ≤ HHI < 1000
竞争Ⅱ型	HHI < 500

综上所述，通过对2011—2015年我国26个地区住房市场绝对集中度、相对集中度进行测算，发现这些地区的住房市场均属于竞争型，住房市场集中度呈下降趋势。

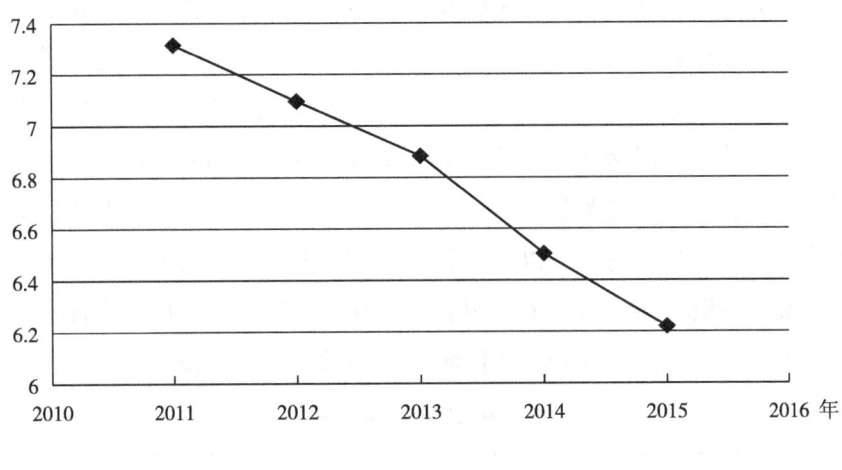

图2 HHI指数趋势

三、我国住房市场效率分析

(一) 指标选取

1. 经济效率指标

我国学者在评价住房市场经济效率时大多从人力、资金投入、土地或施工面积等角度入手选取投入指标，产出指标方面主要包括房屋竣工面积、房屋销售额。因此，结合我国住房产业自身发展特点以及本文的研究内容，选取"地区住房行业从业人数/商品房销售额、当年住房完成投资额/商品房销售额、当年商品房施工面积/商品房竣工总面积"作为衡量住房市场的投入指标，地区商品房销售额作为衡量住房市场的产出指标。住房产业是我国的主导产业，对我国经济发展起到很强的带动作用，本文选取"住房市场平均利润增长率""住房销售额/GDP"两个指标衡量住房市场对地方经济发展的带动作用。

2. 公平效率指标

学者在评价住房市场公平性时，一般从居民对住房的支付能力、居民的居住水平两个方面选取评价指标。支付能力方面，学者选取房价收入比、房屋价格、家庭年平均收入以及自有住房价格指数作为评价指标。居民的居住水平方面，一般通过人均住房面积来评价。此外，赵欣、王元华和张永岳、郭宏宝和刘学思等学者指出，住房供给需要加大中小型住房供给比例，抑制高端住房供给比例，认为住房供给结构可以影响住房市场公平目标的实现[21-23]。结合本文的研究内容，借鉴已有学者的研究成果，本文从居民的支付能力、住房水平和供给结构三个方面选取评价住房市场公平效率的指标，以"90平方米及以下住房竣工面积/住房竣工总面积、别墅及高档公寓竣工面积/住宅竣工面积、城镇人均住房面积、自有住房消费价格指数、房价收入比"作为衡量住房市场公平效率的指标（见表3）。

表3　　市场效率评价指标体系

市场效率	评价指标
经济效率	地区住房行业从业人数/商品房销售额
	当年住房完成投资额/商品房销售额
	当年商品房施工面积/竣工总面积
	住房市场平均利润增长率
	住房销售额/GDP
公平效率	90平方米及以下住房竣工面积/住房竣工总面积
	别墅及高档公寓竣工面积/住宅竣工面积
	城镇人均住房面积
	自有住房消费价格指数
	房价收入比

（二）住房市场效率的评价方法

在住房市场效率的评价方面，本文选用关联熵与复合物元分析方法进行评价。信息论认为，人们在决策过程中获得信息的数量和质量是决策精度和可靠性的决定因素之一，应用于决策过程评价中，熵是对指标客观赋值的一个理想尺度。熵理论在地区竞争力、企业内部知识转移有效性、企业运行绩效等评价方面均有应用[24-26]。物元分析是我国学者蔡文在20世纪80年代提出的一种能够解决不相容、复杂问题，适用于多因子评价的研究方法。物元分析在很多复杂系统的评价中取得了很好的效果，如水资源综合效益、公司绩效评价、资源利用效率等[27-29]。因此，基于熵理论和物元分析各自的优点,将两者结合起来共同使用既可以实现指标权重的客观赋值,又可以解决复杂系统问题。有学者通过对两者的结合应用,解决地下管网健康度评估、绿色施工项目评标等一些复杂系统的评价问题[30-31]。因此,本文尝试利用关联熵与复合物元分析方法对指标众多的住房市场效率进行评价。

(三) 我国住房市场效率实证分析

由于云南、甘肃、新疆、西藏、青海五个地区部分数据缺失,本文以2015年我国26个地区的住房市场状况为研究对象。$M_1 \sim M_{26}$分别代表北京、天津、河北、山西、内蒙古、辽宁、吉林、黑龙江、上海、江苏、浙江、安徽、福建、江西、山东、河南、湖北、湖南、广东、广西、海南、重庆、四川、贵州、陕西、宁夏。$C_1 \sim C_{10}$分别代表地区住房市场的从业人数/商品房销售额、当年住房完成投资/商品房销售额、当年商品房施工面积/竣工面积、住房市场平均利润增长率、住房销售额/GDP、90平方米及以下住房竣工面积/住房竣工总面积、别墅及高档公寓竣工面积/住宅竣工总面积、城镇人均住房面积、自有住房消费价格指数、房价收入比。应用复合关联熵物元模型计算得出各个地区住房市场经济效率、公平效率复合关联熵物元。数据来源为《中国房地产统计年鉴》《中国统计年鉴》以及各个地区的统计年鉴、经济统计年鉴。

1. 2015年我国26个地区住房市场经济效率

表4所示为我国26个地区住房经济效率的复合关联熵物元的最终结果(计算过程见附录)。将26个地区住房市场经济效率的复合关联熵物元由大到小进行排序(见表5),可以看到上海经济效率最高,其复合关联熵物元为0.814,山西最低为0.336。上海、广东、江苏、天津、北京、浙江、重庆、河北、福建、安徽、四川、湖北、黑龙江的经济效率较高,吉林、广西、江西、湖南、海南、山东、河南、内蒙古、贵州、辽宁、宁夏、陕西、山西的经济效率较低。由经济效率指标权重复合物元可知(见附录),"从业人数/商品房销售额"和"商品房销售额/GDP"两个指标对经济效率评价结果影响最大。我国26个地区住房市场经济效率排序分布情况见图3,可

以看出，东南沿海地区的住房市场经济效率一般高于其他地区。

表4　　　　　我国26个地区住房经济效率的复合关联熵物元

M_1	M_2	M_3	M_4	M_5	M_6	M_7	M_8	M_9	M_{10}	M_{11}	M_{12}	M_{13}
0.608	0.611	0.582	0.154	0.458	0.370	0.511	0.512	0.814	0.614	0.606	0.570	0.579
M_{14}	M_{15}	M_{16}	M_{17}	M_{18}	M_{19}	M_{20}	M_{21}	M_{22}	M_{23}	M_{24}	M_{25}	M_{26}
0.504	0.485	0.460	0.527	0.493	0.716	0.508	0.490	0.600	0.553	0.455	0.336	0.357

表5　　　　　我国26个地区住房市场经济效率排序

地区	上海	广东	江苏	天津	北京	浙江	重庆	河北	福建	安徽	四川	湖北	黑龙江
排序	1	2	3	4	5	6	7	8	9	10	11	12	13
地区	吉林	广西	江西	湖南	海南	山东	河南	内蒙古	贵州	辽宁	宁夏	陕西	山西
排序	14	15	16	17	18	19	20	21	22	23	24	25	26

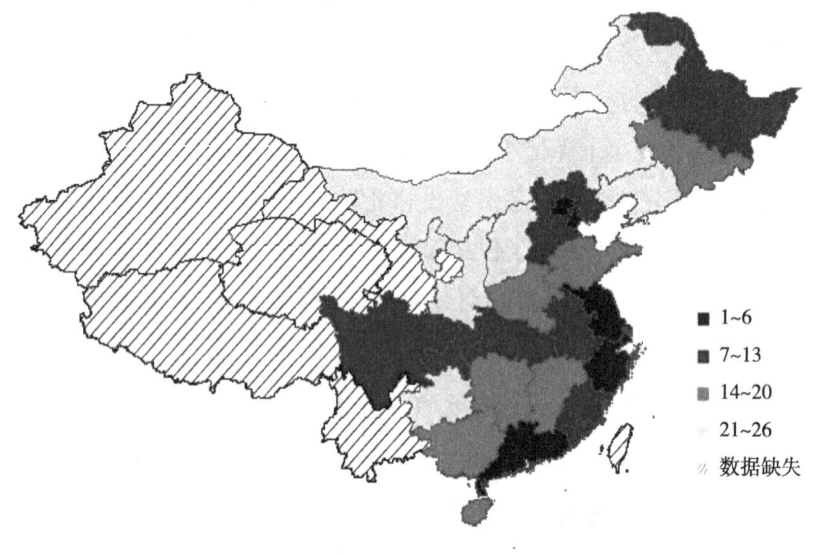

图3　我国26个地区住房市场经济效率排序分布

2. 2015年我国26个地区住房市场公平效率

表6显示了通过计算得到的我国26个地区住房公平效率的复合关联熵物元最终结果（计算过程见附录）。将26个地区住房市场公平效率由大到小进行排序（见表7），发现辽宁的公平效率最高，其复合关联熵物元为0.807，上海最低为0.323。辽宁、黑龙江、吉林、重庆、内蒙古、天津、

四川、河北、安徽、贵州、海南、山东、陕西的公平效率较高，湖南、山西、广西、河南、江苏、浙江、江西、湖北、宁夏、北京、福建、广东、上海的公平效率较低。由公平效率指标权重复合物元可知（见附录），"90平方米及以下住房竣工面积/住房竣工总面积"和"房价收入比"两个指标对住房市场公平效率评价结果影响最大。我国26个地区住房市场公平效率排序分布情况见图4，可以看出，东北地区住房市场公平效率普遍高于其他地区。

表6　我国26个地区住房市场公平效率的复合关联熵物元

M_1	M_2	M_3	M_4	M_5	M_6	M_7	M_8	M_9	M_{10}	M_{11}	M_{12}	M_{13}
0.476	0.664	0.652	0.570	0.696	0.807	0.765	0.789	0.323	0.544	0.530	0.634	0.427
M_{14}	M_{15}	M_{16}	M_{17}	M_{18}	M_{19}	M_{20}	M_{21}	M_{22}	M_{23}	M_{24}	M_{25}	M_{26}
0.522	0.595	0.547	0.498	0.570	0.400	0.563	0.608	0.754	0.657	0.609	0.587	0.484

表7　我国26个地区住房市场公平效率排序

地区	辽宁	黑龙江	吉林	重庆	内蒙古	天津	四川	河北	安徽	贵州	海南	山东	陕西
排序	1	2	3	4	5	6	7	8	9	10	11	12	13
地区	湖南	山西	广西	河南	江苏	浙江	江西	湖北	宁夏	北京	福建	广东	上海
排序	14	15	16	17	18	19	20	21	22	23	24	25	26

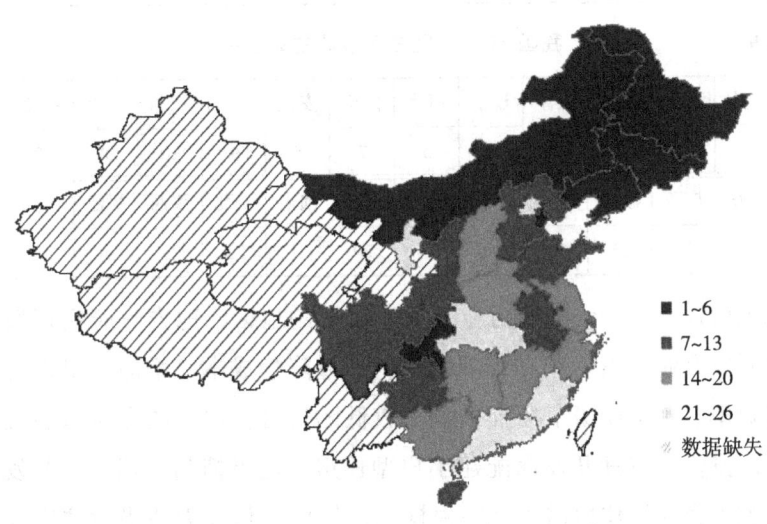

图4　我国26个地区住房市场公平效率排序分布

3. 2015 年我国 26 个地区住房市场效率

通过经济效率和公平效率的权重复合物元得到 2015 年我国 26 个地区住房市场效率各指标权重的复合物元。表 8 所示为我国 26 个地区住房市场效率复合关联熵物元的最终结果（计算过程见附录）。将我国 26 个地区住房市场效率进行排序（见表 9），重庆的住房市场效率最高，其复合关联熵物元为 0.693，山西最低为 0.406。重庆、黑龙江、吉林、天津、辽宁、河北、四川、安徽、内蒙古、江苏、海南、浙江、山东的住房市场效率较高，贵州、广西、湖南、北京、广东、上海、江西、河南、湖北、陕西、福建、宁夏、山西的住房市场效率较低。我国 26 个地区住房市场效率排序分布情况见图 5，可以看出，重庆、东北地区住房市场效率普遍较高。

表 8　　　　　我国 26 个地区住房市场效率复合关联熵物元

M_1	M_2	M_3	M_4	M_5	M_6	M_7	M_8	M_9	M_{10}	M_{11}	M_{12}	M_{13}
0.528	0.643	0.624	0.406	0.601	0.635	0.665	0.680	0.516	0.571	0.559	0.608	0.486
M_{14}	M_{15}	M_{16}	M_{17}	M_{18}	M_{19}	M_{20}	M_{21}	M_{22}	M_{23}	M_{24}	M_{25}	M_{26}
0.514	0.551	0.512	0.508	0.539	0.524	0.541	0.562	0.693	0.616	0.548	0.488	0.434

表 9　　　　　我国 26 个地区住房市场效率排序

地区	重庆	黑龙江	吉林	天津	辽宁	河北	四川	安徽	内蒙古	江苏	海南	浙江	山东
排序	1	2	3	4	5	6	7	8	9	10	11	12	13
地区	贵州	广西	湖南	北京	广东	上海	江西	河南	湖北	陕西	福建	宁夏	山西
排序	14	15	16	17	18	19	20	21	22	23	24	25	26

综上所述，对于住房市场经济效率较低的地区，地方政府应该鼓励地区住房开发企业改进生产和管理水平，通过降低成本、增加产出来提高投入产出效率。对于住房市场公平效率较低的地区，地方政府应该加大对刚需住房的投资，鼓励开发商配建小户型住房，适当抑制高档住宅开发，保障中低收入家庭的住房需求，并根据地区居民支付能力适当对住房设置最高限价，保障住房权利，保证社会公平目标的实现。

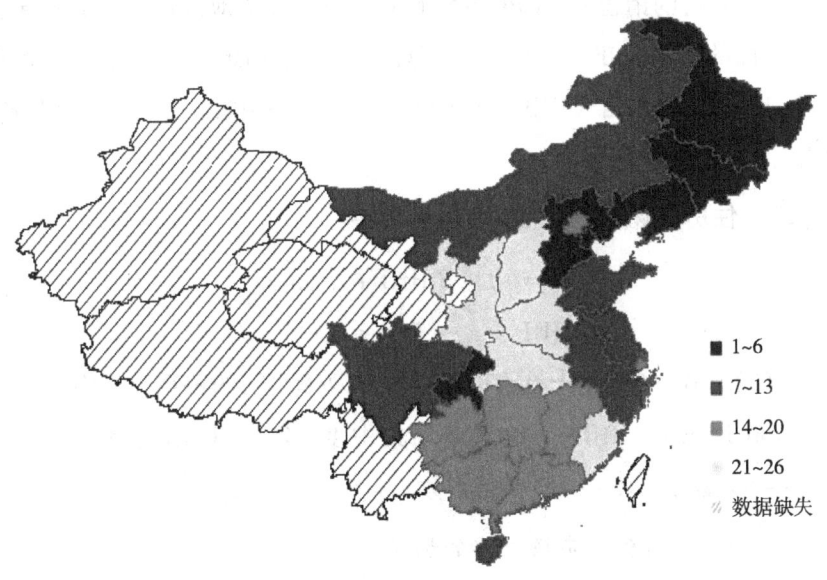

图5 我国26个地区住房市场公平效率排序分布

四、住房市场结构与效率的关系研究

(一) 变量选取

选取2011—2015年我国26个地区住房市场经济效率的复合关联熵物元作为经济效率变量,公平效率的复合关联熵物元作为公平效率变量(数据见附录)。选取能够较为全面地反映市场集中程度的赫芬达尔指数(HHI)作为检验模型中市场结构的指标。采用我国26个地区2011—2015年住房市场销售额HHI指数作为衡量住房市场集中度的指标(见附录)。

此外,住房市场的效率还受外部因素(如宏观经济等因素)的影响,这些因素将作为控制变量被引入检验模型中。本文主要选取地区住房企业资产规模(AS)、国内生产总值增长速度(GDPIR)、居民消费价格指数(CPI)、人口(POP)作为控制变量。通过地方住房企业资产总额量化资产规模,资产规模会对地方住房市场经济效率产生影响。而宏观经济状况会对我国住房市场效率产生影响,其中,GDP的增长可以拉动住房市场的需求以及提高住房的销售率，CPI 指数的上升则加大了地区住房市场在建材、人力等方面的成本支出，人口在一等程度上会带动地区住房市场的发展。控制变量相关数据来自《中国房地产统计年鉴》《中国统计年鉴》以及各地方年鉴。

（二）住房市场结构与效率的关系研究

$$E = a_1 + \beta_i HHI + Z + u_1 \qquad (2)$$

$$HHI = a_2 + \beta_2 E + Z + u_2 \qquad (3)$$

式（2）、式（3）用于检验市场结构和效率之间的关系，其中：E——效率（Efficiency）；HHI——绝对市场集中度；Z——控制变量；u_i——误差；a_i——常数项；β_i——自变量系数。

1. 市场结构对住房市场效率的影响

根据式（2），以市场绝对集中度为自变量、市场效率为因变量进行回归分析，来检验市场结构对住房市场效率的影响。利用 Stata 13 软件进行 Hausman 检验，P 值为 0.9088，大于 0.05，即模型可以不使用固定效应模型。因此，本文选取最小二乘法估计（OLS 估计）模型进行回归分析，回归结果见表 10。

从结果来看，市场集中度的 P 值为 0.221，大于 0.1，说明集中度没有通过显著性检验，即市场结构对住房市场效率没有显著影响。从控制变量来看，地方住房企业资产规模、GDP 增长速度、CPI、人口都没有通过显著性检验，说明它们不是影响住房市场效率的主要因素。

表 10　　市场结构对住房市场效率的回归结果

E	Coef.	P
HHI	0.0008276	0.221
AS	-3.07×10^{-11}	0.728
GDPIR	0.3919636	0.450
CPI	-0.0154033	0.408
POP	4.65×10^{-6}	0.147

2. 住房市场效率对市场结构的影响

根据式（3），以住房市场效率为自变量，市场绝对集中度作为因变量进行回归分析，来检验市场效率对住房市场结构的影响。利用 Stata 13 软件进行 Hausman 检验，P 值为 0.9187，大于 0.05，即可以不使用固定效应模型。因此，本文选取应用较为广泛的最小二乘法估计（OLS 估计）模型进行回归分析，回归结果见表 11。

表 11　　　　　　　住房市场效率对市场结构的回归结果

HHI	Coef.	P
E	10.18453	0.483
AS	-1.69×10^{-8}	0.170
GDPIR	-9.945078	0.728
CPI	0.3334083	0.731
POP	-0.0015224	0.074*

注：*表示系数在 0.1 的显著性水平上显著。

从结果来看，住房市场公平效率的 P 值为 0.483，大于 0.1，没有通过显著性检验，说明住房市场效率对市场结构对没有显著影响。从控制变量来看，人口的 P 值为 0.074，在 0.1 的水平上通过显著性检验。资产规模、GDP 增长速度、CPI 都没有通过显著性检验，说明这些因素不是影响住房市场结构的主要因素。

（三）住房市场结构与市场经济效率的关系研究

$$EE = a_3 + \beta_3 HHI + Z + u_3 \quad (4)$$

$$HHI = a_4 + \beta_4 EE + Z + u_4 \quad (5)$$

式（4）、式（5）用于检验市场力量假说和效率结构假说，其中：EE——经济效率；HHI——绝对市场集中度；Z——控制变量；u_i——误差；a_i——常数项；β_i——自变量系数。

如果产业组织理论中的市场力量假说成立，那么回归结果中系数 β_3 应为正数并且显著。如果产业组织理论中的效率结构假说成立，那么回归结

果中系数 $β_4$ 应为正数并且显著。

1. 市场结构对住房市场经济效率的影响

根据式（4），以市场结构指标绝对市场集中度作为自变量进行回归分析，检验市场集中度对住房市场经济效率的影响。利用 Stata 13 软件进行 Hausman 检验，P 值为 0.3556，大于 0.05，即模型不必采用固定效应模型。因此，本文选取应用较为广泛的最小二乘法估计（OLS 估计）模型进行回归分析，得到的回归分析结果见表 12。

表12　市场结构对住房市场经济效率的回归结果

EE	Coef.	P
HHI	0.0022081	0.016**
AS	6.45×10^{10}	0.000***
GDPIR	0.7790478	0.311
CPI	−0.0126992	0.636
POP	$−2.46 \times 10^{-6}$	0.639

注：***、** 分别表示系数在 0.01、0.05 的显著性水平上显著。

从结果来看，市场集中度的系数为 0.0022，大于 0，P 值为 0.016，说明在 0.05 的水平上通过显著性检验，即市场集中度对住房市场经济效率具有显著的正向影响。综上可知，市场结构对地方住房市场经济效率产生了显著的正向影响，我国住房市场符合市场力量假说，即市场集中度越高，越容易产生高的经济效率。从控制变量来看，地方住房企业资产规模系数大于 0，P 值为 0.000，说明地方企业资产规模在 0.01 的水平上通过显著性检验，即资产规模对地方住房市场经济效率具有显著的正向影响。GDP 增长速度、CPI、人口都没有通过显著性检验，说明它们不是影响住房市场经济效率的主要因素。

2. 住房市场经济效率对市场结构的影响

根据式（5），利用 Stata 13 软件进行 Hausman 检验，P 值为 0.9080，大于 0.05，即模型可以不采用固定效应模型。因此，本文选取应用较为广泛的最小二乘法估计（OLS 估计）模型，以住房市场经济效率为自变量进行回归分析，来检验市场经济效率对住房市场结构的影响，结果如表 13 所示。

表 13　住房市场经济效率对市场结构的回归结果

HHI	Coef.	P
EE	11.12228	0.285
AS	-2.14×10^{-8}	0.178
GDP	-2.791421	0.897
CPI	-0.096958	0.884
POP	-0.0013912	0.057*

注：*表示系数在 0.1 的显著性水平上显著。

从结果来看，住房市场经济效率的 P 值为 0.285，大于 0.1，说明没有通过显著性检验，即住房市场经济效率对市场集中度对没有显著影响。因此，产业组织理论中的效率结构假说不成立，效率不是决定市场结构的因素。

从控制变量来看，人口的 P 值为 0.057，说明人口在 0.1 的水平上通过显著性检验，且回归系数为负值，说明人口对住房市场经济效率有显著的负向影响。地方住房企业资产规模、GDP 增长速度、CPI 没有通过显著性检验，说明它们不是影响住房市场结构的主要因素。

(四) 住房市场结构与市场公平效率的关系研究

$$FE = a_5 + \beta_5 HHI + Z + u_5 \tag{6}$$

$$HHI = a_6 + \beta_6 FE + Z + u_6 \tag{7}$$

式 (6)、式 (7) 用于研究市场结构和公平效率之间的关系。其中：FE——公平效率 (Fair Effect)；HHI——相对市场集中度；Z——控制变量；u_i——误差；a_i——常数项；β_i——自变量系数。

1. 市场结构对住房市场公平效率的影响

根据式 (6)，以市场结构指标为自变量、市场公平效率为因变量进行回归分析，来检验市场集中度对住房市场公平效率的影响。利用 Stata 13 软件进行 Hausman 检验，P 值为 0.1275，大于 0.05，即模型可以不使用固定效率模型。因此，选取最小二乘法估计（OLS 估计）模型进行回归分析，回归结果见表 14。

从结果来看，市场集中度的系数小于 0，P 值为 0.012，说明在 0.05 的水平上通过显著性检验，即市场集中度对住房市场公平效率具有显著的负向影响。综上可知，市场结构对地方住房市场公平效率产生了显著的负向影响，即市场集中度越低，住房市场公平效率越高。

从控制变量来看，地方住房企业资产规模系数为负值，P 值为 0.000，说明地方企业资产规模在 0.01 的水平上通过显著性检验，即住房开发企业资产规模对地方公平效率具有显著的负向影响。GDP 增长速度、CPI、人口都没有通过显著性检验，说明这些因素不是影响住房市场公平效率的主要因素。

表 14　　市场结构对住房市场公平效率的回归结果

CE	Coef.	P
HHI	-0.0026385	0.012^{**}
AS	-5.45×10^{-10}	0.000^{***}
GDPIR	-0.0433335	0.922
CPI	-0.0119068	0.527
POP	7.36×10^{-6}	0.290

注：***、** 分别表示系数在 0.01、0.05 的显著性水平上显著。

2. 住房市场公平效率对市场结构的影响

根据式（7），以住房市场公平效率作为自变量，市场绝对集中度作为因变量进行回归分析，来检验市场公平效率对住房市场结构的影响。利用 Stata 13 软件进行 Hausman 检验，P 值为 0.8750，大于 0.05，即可以不使用固定效率模型进行回归。因此，本文选取应用较为广泛的最小二乘法估计（OLS 估计）模型进行回归分析，结果见表 15。

表15　　　　　住房市场公平效率对市场结构的回归结果

HHI	Coef.	P
FE	-17.84688	0.240
AS	-2.38×10^{-8}	0.148
GDPIR	4.964336	0.776
CPI	-0.4451996	0.476
POP	-0.0012544	0.047**

注：** 表示系数在0.05的显著性水平上显著。

从结果来看，住房市场公平效率的P值大于0.1，没有通过显著性检验，说明住房市场公平效率对市场集中度对没有显著的正向影响。从控制变量来看，人口的P值为0.047，说明人口在0.05的显著性水平上通过显著性检验。地方企业资产规模、GDP增长速度、CPI都没有通过显著性检验，说明这些因素不是影响住房市场结构的主要因素。

综上可知，市场结构对住房市场经济效率具有显著的正向影响，市场力量假说成立，即在集中度较高的市场中，行业能获得较高的经济效率，我国住房市场经济效率对市场结构不具有显著的正向影响，效率结构假说不成立。市场结构和地方企业资产规模对住房市场公平效率具有显著的负向影响，降低市场绝对集中度有助于提升市场公平效率，住房市场公平效率对市场结构不具有显著影响。

五、结论与建议

（一）结论

本文通过对我国住房市场结构与效率关系的研究，得出以下主要结论。

第一，通过对我国26个地区五年间住房市场的绝对集中度、相对集中度进行计算发现，我国绝大多数地区住房市场竞争程度逐年递减，属于竞争型市场结构。

第二，本文运用关联熵与复合物元结合的评价方法，得到我国26个地区2011—2015年住房市场的经济效率、公平效率以及综合了两大效率的住房市场效率的复合关联熵物元。基于各地区住房市场相对集中度和市场效率、经济效率、公平效率复合关联熵物元等相关数据，运用多元回归分析发现，我国住房市场集中度对公平效率有显著的负向影响，对经济效率有着显著的正向影响。

(二) 建议

本文从国家政策、战略意图等方面，针对如何提高经济效率和公平效率两方面提出建议。

1. 提升住房市场经济效率的建议

根据前文的分析结果，市场集中度对住房市场经济效率有着明显的正向影响。吉林、广西、江西、湖南、海南、山东、河南、内蒙古、贵州、辽宁、宁夏、陕西、山西等地区经济效率相对较低，应该通过提高住房市场集中度来提升这些地区的经济效率。

第一，提高住房企业进入市场的壁垒。政府应该出台相关的政策，提高资金薄弱企业贷款难度，加强监管公司注册资金的门槛。在技术层面，严格把关住房市场的技术要求，努力提高地区公司整体技术水平，禁止技术不过关和资质不够的公司进入市场。

第二，推进住房企业的兼并与重组。地方政府的政策应该积极引导小公司之间的重组，倡导实力雄厚、经验丰富的公司兼并竞争力较弱的企业，以达到提高市场集中程度的目标。

2. 提升住房市场公平效率的建议

根据上文得出的结论，市场集中度对住房市场公平效率有显著的负向影响。对于湖南、山西、广西、河南、江苏、浙江、江西、湖北、宁夏、北京、福建、广东、上海等公平效率较低的地区，应该从吸引房地产企业、降低土地获取难度两个方面着手适当降低市场集中度。

第一，建议政府为新兴房地产企业进入市场提供便利，以提高住房企业间的竞争程度，还应对龙头企业的垄断行为予以监管，从而达到降低市场集中度的目的。

第二，营造公平竞争的市场环境。优质的土地资源价格通常很高，这让很多刚起步的企业望而却步，只有资金实力雄厚的企业才有能力支付，这致使实力强大的企业越做越大，而刚起步的房地产企业因为优质土地获取的稀缺性而无法长期立足。地方政府应该避免大地块土地的转让，尽量采取招标、挂牌等方式，让各企业公平竞争，从而降低住房市场集中度。

参考文献

［1］黄建宏．市场转型与住房获得不平等［J］．理论月刊，2016，3（4）：112－117．

［2］张伯仑．垄断竞争理论［M］．北京：华夏出版社，2009：386－389．

［3］罗宾逊．不完全竞争经济学［M］．北京：华夏出版社，2013：19－23．

［4］Bain J S. Relation of profit rate to industry concentration: American manufacturing, 1936—1940［J］. The Quarterly Journal of Economics, 1951, 65 (3): 293－324.

［5］Bain J S. Industrial Organization［M］. New York: Wiley, 1959: 32－41.

［6］Bozec R, Dia M. Board structure and firm technical efficiency: Evidence from Canadian state-owned enterprises［J］. European Journal of Operational Research, 2007, 177 (3): 1734－1750.

［7］Seong-Kyu Ha. Social housing estates and sustainable community development in SouthKorea［J］. Habitat International, 2008, 32 (3): 349－363.

［8］Harsman B, Quigley J M. Housing Markets and Housing Institutions: AnInternational Comparison［M］. London: Kluwer Academic Publishers, 1991: 211－230.

［9］Yung B, Lee F P. "Equal right to housing" in Hong Kong housing policy: perspectives from disadvantaged groups［J］. Journal of Housing and the Built Environment, 2014, 29 (4): 563－582.

［10］林凡．房地产市场企业集中度、股东背景分析［J］．时代金融，2016 (30): 309, 320．

[11] 李美莹. 中国房地产业市场结构分析 [J]. 中国市场, 2013, 2 (32): 29-30.

[12] 李敏, 熊斯婷, 张东. 中国房地产市场集中度及其对房价的影响实证 [J]. 海南大学学报 (人文社会科学版), 2015, 33 (2): 71-77.

[13] 杜凤霞. 住宅市场均衡及价格波动风险研究 [D]. 天津: 河北工业大学, 2013.

[14] 彭嘉欣. 中国房地产市场集中度演化及其影响因素分析 [D]. 济南: 山东大学, 2018.

[15] 刘树枫. 我国房地产市场特征、结构、行为及绩效研究 [D]. 西安: 西安建筑科技大学, 2011.

[16] 孙炜. 基于SCP范式的珠海市房地产业分析 [J]. 现代经济信息, 2014, 2 (3): 351-352.

[17] Bain J S. Relation of profit rate to industry concentration: American manufacturing, 1936—1940 [J]. The Quarterly Journal of Economics, 1951, 65 (3): 293-324.

[18] 黄建宏. 市场转型与住房获得不平等 [J]. 理论月刊, 2016, 3 (4): 112-117.

[19] 张红, 王悦. 基于CR指标集成的中国房地产产业集中度测算与比较 [J]. 清华大学学报 (自然科学版), 2013, 5 (5): 630-635.

[20] 王越. 中国房地产业市场结构、效率与绩效关系的实证研究 [D]. 杭州: 浙江工业大学, 2012.

[21] 赵欣. 保障性住房分配的公平性评价 [D]. 唐山: 华北理工大学, 2017.

[22] 王元华, 张永岳. 基于相对剥夺感理论的房地产市场公平研究 [J]. 中州学刊, 2013, 196 (4): 40-45.

[23] 郭宏宝, 刘学思. 深化房地产税改革的公平效应: 终生视角与年度视角模拟 [J]. 地方财政研究, 2016 (2): 56-64.

[24] 彭杰波. 广东省房地产业生产效率分析研究 [D]. 广州: 华南理

[25] 胡小渝,王家庭.我国35个大中城市房地产业技术效率研究——基于三阶段DEA模型的实证分析[J].特区经济,2012(1):265-267.

[26] 陈景辉,李延喜,魏芳芳,等.我国房地产业投资效率评价研究[J].技术经济,2011,30(1):72-77.

[27] 刘伟华,朱景卫.基于物元分析的闫潭灌区水资源综合效益研究[J].水资源开发与管理,2019(1):12-16.

[28] 范雷.当前中国住房状况与住房不平等[J].山东大学学报(哲学社会科学版),2016,1(6):25-33.

[29] 何亚伯,朱汭.基于复合物元与信息熵的绿色施工项目评标模型[J].项目管理技术,2016,14(1):60-63.

[30] 杨秋侠,刘天.基于关联熵与复合物元的地下管网健康度评估[J].西安建筑科技大学学报(自然科学版),2016,48(4):522-528.

附录

我国26个地区住房市场CR值

我国26个地区住房市场CR值　　　　单位:%

年份	北京	天津	河北	山西	内蒙古	辽宁	吉林	黑龙江	上海	江苏	浙江	安徽	福建
2011	19.8	8.2	7.2	4.0	6.4	2.6	2.1	6.2	2.0	7.4	6.2	3.7	8.8
2012	15.6	8.9	7.2	4.0	3.7	2.8	0.8	3.1	2.5	7.2	5.4	3.3	8.5
2013	15.3	8.5	9.4	2.4	4.6	2.6	1.0	10.4	2.4	6.5	5.4	2.5	7.2
2014	16.2	8.2	8.5	3.0	4.0	2.7	2.5	3.6	1.5	5.2	5.0	1.7	7.5
2015	15.0	7.4	6.8	4.6	3.9	2.0	3.7	4.3	2.3	5.3	4.6	1.3	5.7
年份	江西	山东	河南	湖北	湖南	广东	广西	海南	重庆	四川	贵州	陕西	宁夏
2011	0.7	3.8	3.8	7.2	2.3	12.0	1.5	0.7	7.2	6.6	2.1	4.6	19.8
2012	1.2	5.6	7.1	9.2	4.0	10.4	2.5	0.1	8.2	4.9	1.6	4.4	18.4
2013	0.4	5.0	5.0	6.6	4.4	9.1	1.8	0.1	8.9	5.8	0.8	4.8	17.9
2014	1.3	7.0	4.6	5.0	3.6	11.1	2.9	0.2	7.3	6.4	1.0	5.5	19.4
2015	1.0	6.2	5.2	4.6	4.4	8.5	4.8	0.1	6.8	4.1	0.8	4.9	18.3

我国26个地区住房市场HHI指数

我国26个地区住房市场HHI指数

年份	北京	天津	河北	山西	内蒙古	辽宁	吉林	黑龙江	上海	江苏	浙江	安徽	福建
2011	5.86	11.05	5.06	6.88	6.01	3.02	7.64	7.17	3.63	2.10	1.85	3.66	5.58
2012	5.42	11.01	4.58	6.60	6.04	2.84	7.01	5.42	3.86	2.07	1.82	3.38	5.37
2013	5.28	10.18	4.85	5.63	5.26	2.70	7.63	10.81	3.63	1.84	1.89	3.26	4.75
2014	6.48	10.01	4.29	5.55	5.33	2.66	7.79	6.30	3.59	1.71	1.84	2.86	4.71
2015	5.69	9.45	3.90	5.61	5.31	3.06	7.61	6.35	3.75	1.75	1.81	2.99	4.03
年份	江西	山东	河南	湖北	湖南	广东	广西	海南	重庆	四川	贵州	陕西	宁夏
2011	5.21	2.14	2.42	4.16	3.11	3.17	4.29	13.52	5.87	3.22	9.60	7.73	56.24
2012	5.73	2.08	2.71	4.48	3.54	2.56	5.01	12.13	5.89	2.98	14.43	6.69	50.84
2013	5.29	1.92	2.42	3.38	3.46	2.35	4.74	10.47	5.79	3.18	10.94	7.05	50.24
2014	5.27	2.00	2.21	3.20	3.31	2.82	5.38	9.82	4.90	2.83	5.76	5.88	52.58
2015	4.91	1.86	2.05	3.25	3.49	2.14	5.82	9.84	4.88	2.74	6.43	5.68	47.32

2015年我国26个地区经济效率

步骤一：我国26个地区经济效率的5维复合物元

	M_1	M_2	M_3	M_4	M_5	M_6	M_7	M_8	M_9	M_{10}	M_{11}	M_{12}	M_{13}
C_1	0.792	0.870	0.697	0.000	0.526	0.642	0.391	0.528	1.000	0.862	0.895	0.683	0.780
C_2	0.594	0.708	0.527	0.000	0.722	0.281	0.639	0.771	1.000	0.767	0.641	0.493	0.547
C_3	0.982	1.000	0.948	0.949	0.910	0.928	0.929	0.991	0.972	0.972	0.954	0.965	0.929
C_4	0.447	0.509	0.792	0.367	0.444	0.290	1.000	0.570	0.438	0.392	0.307	0.511	0.492
C_5	0.457	0.242	0.265	0.013	0.004	0.099	0.000	0.048	0.698	0.297	0.428	0.458	0.386
	M_{14}	M_{15}	M_{16}	M_{17}	M_{18}	M_{19}	M_{20}	M_{21}	M_{22}	M_{23}	M_{24}	M_{25}	M_{26}
C_1	0.610	0.582	0.434	0.627	0.529	0.884	0.495	0.503	0.683	0.672	0.426	0.359	0.433
C_2	0.891	0.672	0.567	0.616	0.781	0.947	0.670	0.157	0.527	0.627	0.422	0.295	0.175
C_3	0.000	0.956	0.947	0.913	0.953	0.921	0.901	0.944	0.964	0.934	0.940	0.885	0.967
C_4	0.433	0.389	0.436	0.404	0.293	0.447	0.523	0.000	0.396	0.357	0.327	0.373	0.263
C_5	0.257	0.134	0.234	0.317	0.177	0.478	0.222	1.000	0.626	0.394	0.442	0.147	0.333

步骤二：我国26个地区经济效率关联系数的5维复合物元

	M_1	M_2	M_3	M_4	M_5	M_6	M_7	M_8	M_9	M_{10}	M_{11}	M_{12}	M_{13}
C_1	0.706	0.794	0.623	0.333	0.513	0.583	0.451	0.514	1.000	0.783	0.826	0.612	0.695
C_2	0.552	0.631	0.514	0.333	0.643	0.410	0.581	0.686	1.000	0.682	0.582	0.497	0.525
C_3	0.964	1.000	0.905	0.907	0.848	0.874	0.875	0.981	0.946	0.947	0.915	0.935	0.875
C_4	0.475	0.505	0.706	0.441	0.474	0.413	1.000	0.537	0.471	0.451	0.419	0.505	0.496
C_5	0.479	0.397	0.405	0.336	0.334	0.357	0.333	0.344	0.623	0.416	0.467	0.480	0.449
	M_{14}	M_{15}	M_{16}	M_{17}	M_{18}	M_{19}	M_{20}	M_{21}	M_{22}	M_{23}	M_{24}	M_{25}	M_{26}
C_1	0.562	0.544	0.469	0.573	0.515	0.811	0.498	0.501	0.612	0.604	0.466	0.438	0.469
C_2	0.822	0.604	0.536	0.565	0.695	0.904	0.603	0.372	0.514	0.573	0.464	0.415	0.377
C_3	0.333	0.919	0.904	0.852	0.914	0.863	0.835	0.900	0.933	0.883	0.894	0.813	0.939
C_4	0.469	0.450	0.470	0.456	0.414	0.475	0.512	0.333	0.453	0.438	0.426	0.444	0.404
C_5	0.402	0.366	0.395	0.423	0.378	0.489	0.391	1.000	0.572	0.452	0.472	0.370	0.429

步骤三：各住房经济效率指标权重的复合物元：

$$R_{\omega j} = \begin{bmatrix} & C_1 & C_2 & C_3 & C_4 & C_5 \\ \omega_j & 0.250 & 0.219 & 0.086 & 0.186 & 0.259 \end{bmatrix}$$

2015年我国26个地区公平效率

步骤一：我国26个地区住房市场公平效率的5维复合物元

	M_1	M_2	M_3	M_4	M_5	M_6	M_7	M_8	M_9	M_{10}	M_{11}	M_{12}	M_{13}
C_6	0.701	0.936	0.531	0.220	0.359	0.859	1.000	0.960	0.617	0.177	0.287	0.419	0.208
C_7	0.697	0.808	0.929	1.000	0.914	0.891	0.920	0.970	0.000	0.721	0.699	0.952	0.955
C_8	0.489	0.000	0.675	0.501	0.476	0.370	0.352	0.250	0.658	0.840	0.881	0.623	0.969
C_9	0.480	0.360	0.980	0.820	1.000	0.920	0.660	0.780	0.000	0.740	0.740	0.960	0.480
C_{10}	0.063	0.953	0.435	0.729	1.000	0.940	0.766	0.887	0.050	0.604	0.369	0.554	0.056
	M_{14}	M_{15}	M_{16}	M_{17}	M_{18}	M_{19}	M_{20}	M_{21}	M_{22}	M_{23}	M_{24}	M_{25}	M_{26}
C_6	0.074	0.257	0.267	0.079	0.000	0.174	0.339	0.939	0.904	0.614	0.427	0.304	0.176
C_7	0.894	0.911	0.955	0.900	0.972	0.758	0.959	0.558	0.875	0.924	0.989	0.989	0.964
C_8	0.925	0.696	0.785	1.000	0.903	0.514	0.797	0.469	0.643	0.597	0.697	0.725	0.421
C_9	0.940	0.780	0.580	0.800	0.900	0.440	0.680	0.980	0.680	0.860	0.920	0.940	0.360
C_{10}	0.363	0.709	0.553	0.299	0.683	0.442	0.440	0.000	0.634	0.496	0.400	0.435	0.843

步骤二：我国 26 个地区公平效率关联系数的 5 维复合物元

	M_1	M_2	M_3	M_4	M_5	M_6	M_7	M_8	M_9	M_{10}	M_{11}	M_{12}	M_{13}
C_6	0.626	0.887	0.516	0.391	0.438	0.780	1.000	0.926	0.566	0.378	0.412	0.463	0.387
C_7	0.623	0.723	0.876	1.000	0.854	0.821	0.862	0.943	0.333	0.642	0.624	0.913	0.918
C_8	0.495	0.333	0.606	0.501	0.488	0.442	0.436	0.400	0.594	0.758	0.808	0.570	0.941
C_9	0.490	0.439	0.962	0.735	1.000	0.862	0.595	0.694	0.333	0.658	0.658	0.926	0.490
C_{10}	0.348	0.914	0.470	0.649	1.000	0.893	0.681	0.816	0.345	0.558	0.442	0.529	0.346
	M_{14}	M_{15}	M_{16}	M_{17}	M_{18}	M_{19}	M_{20}	M_{21}	M_{22}	M_{23}	M_{24}	M_{25}	M_{26}
C_6	0.351	0.402	0.406	0.352	0.333	0.377	0.431	0.892	0.839	0.564	0.466	0.418	0.378
C_7	0.825	0.849	0.918	0.834	0.947	0.674	0.923	0.531	0.800	0.868	0.979	0.978	0.933
C_8	0.869	0.622	0.699	1.000	0.838	0.507	0.711	0.485	0.584	0.554	0.623	0.645	0.463
C_9	0.893	0.694	0.543	0.714	0.833	0.472	0.610	0.962	0.610	0.781	0.862	0.893	0.439
C_{10}	0.440	0.632	0.528	0.416	0.612	0.473	0.472	0.333	0.577	0.498	0.455	0.469	0.761

步骤三：各住房市场公平效率指标权重的复合物元

$$R_{\omega j} = \begin{bmatrix} & C_6 & C_7 & C_8 & C_9 & C_{10} \\ \omega_j & 0.319 & 0.099 & 0.174 & 0.175 & 0.233 \end{bmatrix}$$

2015 年我国 26 个地区住房市场效率

通过经济效率和公平效率的权重复合物元得到 2015 年我国各个地区住房市场效率各指标权重的复合物元：

$$R_{\omega j} = \begin{bmatrix} & C1 & C_2 & C_3 & C_4 & C_5 & C_6 \\ \omega_j & 0.086 & 0.055 & 0.098 & 0.034 & 0.073 & 0.012 \\ & C_7 & C_8 & C_9 & C_{10} & C_{11} & \\ & 0.194 & 0.060 & 0.105 & 0.106 & 0.141 & \end{bmatrix}$$

2011—2014 年各地住房市场经济、公平效率及效率的复合关联熵物元

2011 年各地住房市场经济、公平效率及效率的复合关联熵物元

地区	经济效率	公平效率	效率	地区	经济效率	公平效率	效率
M_1	0.505	0.283	0.375	M_{14}	0.575	0.559	0.565
M_2	0.628	0.548	0.581	M_{15}	0.490	0.581	0.543
M_3	0.468	0.601	0.546	M_{16}	0.476	0.580	0.537
M_4	0.233	0.824	0.580	M_{17}	0.572	0.504	0.532
M_5	0.374	0.692	0.561	M_{18}	0.475	0.562	0.526
M_6	0.592	0.712	0.662	M_{19}	0.620	0.499	0.549
M_7	0.483	0.676	0.596	M_{20}	0.406	0.690	0.573
M_8	0.628	0.675	0.656	M_{21}	0.636	0.581	0.604
M_9	0.572	0.386	0.463	M_{22}	0.637	0.720	0.686
M_{10}	0.533	0.577	0.560	M_{23}	0.603	0.546	0.570
M_{11}	0.455	0.493	0.478	M_{24}	0.385	0.625	0.526
M_{12}	0.515	0.576	0.551	M_{25}	0.468	0.553	0.518
M_{13}	0.501	0.519	0.512	M_{26}	0.753	0.595	0.660

2012 年各地住房市场经济、公平效率及效率的复合关联熵物元

地区	经济效率	公平效率	效率	地区	经济效率	公平效率	效率
M_1	0.833	0.326	0.567	M_{14}	0.679	0.460	0.564
M_2	0.778	0.590	0.679	M_{15}	0.593	0.565	0.577
M_3	0.571	0.682	0.628	M_{16}	0.494	0.591	0.543
M_4	0.230	0.551	0.397	M_{17}	0.546	0.510	0.526
M_5	0.331	0.579	0.459	M_{18}	0.642	0.614	0.626
M_6	0.592	0.685	0.639	M_{19}	0.640	0.497	0.564
M_7	0.565	0.818	0.696	M_{20}	0.327	0.599	0.468
M_8	0.601	0.684	0.643	M_{21}	0.608	0.446	0.522
M_9	0.685	0.407	0.539	M_{22}	0.674	0.688	0.680
M_{10}	0.652	0.511	0.577	M_{23}	0.739	0.632	0.682
M_{11}	0.559	0.472	0.513	M_{24}	0.203	0.581	0.400
M_{12}	0.559	0.621	0.590	M_{25}	0.404	0.608	0.510
M_{13}	0.613	0.507	0.557	M_{26}	0.524	0.592	0.558

2013年各地住房市场经济、公平效率及效率的复合关联熵物元

地区	经济效率	公平效率	效率	地区	经济效率	公平效率	效率
M_1	0.595	0.323	0.405	M_{14}	0.585	0.613	0.605
M_2	0.641	0.454	0.511	M_{15}	0.562	0.736	0.684
M_3	0.395	0.725	0.626	M_{16}	0.489	0.639	0.595
M_4	0.122	0.653	0.493	M_{17}	0.523	0.569	0.556
M_5	0.495	0.666	0.615	M_{18}	0.660	0.689	0.681
M_6	0.528	0.755	0.687	M_{19}	0.628	0.458	0.509
M_7	0.421	0.762	0.660	M_{20}	0.412	0.643	0.574
M_8	0.538	0.711	0.660	M_{21}	0.642	0.348	0.436
M_9	0.674	0.428	0.502	M_{22}	0.614	0.660	0.647
M_{10}	0.712	0.630	0.656	M_{23}	0.559	0.578	0.572
M_{11}	0.493	0.542	0.528	M_{24}	0.265	0.546	0.463
M_{12}	0.554	0.725	0.674	M_{25}	0.258	0.572	0.479
M_{13}	0.611	0.540	0.562	M_{26}	0.507	0.607	0.577

2014年各地住房市场经济、公平效率及效率的复合关联熵物元

地区	经济效率	公平效率	效率	地区	经济效率	公平效率	效率
M_1	0.646	0.645	0.646	M_{14}	0.593	0.493	0.539
M_2	0.711	0.488	0.589	M_{15}	0.486	0.540	0.517
M_3	0.441	0.606	0.532	M_{16}	0.541	0.567	0.556
M_4	0.195	0.563	0.398	M_{17}	0.474	0.456	0.465
M_5	0.241	0.649	0.466	M_{18}	0.457	0.594	0.534
M_6	0.473	0.771	0.637	M_{19}	0.631	0.411	0.510
M_7	0.319	0.775	0.570	M_{20}	0.376	0.635	0.519
M_8	0.608	0.777	0.702	M_{21}	0.623	0.259	0.423
M_9	0.723	0.409	0.550	M_{22}	0.589	0.673	0.635
M_{10}	0.603	0.510	0.553	M_{23}	0.606	0.601	0.604
M_{11}	0.544	0.455	0.496	M_{24}	0.444	0.552	0.504
M_{12}	0.602	0.548	0.573	M_{25}	0.320	0.593	0.471
M_{13}	0.563	0.470	0.512	M_{26}	0.597	0.547	0.570

商业银行信贷支持制造业发展路径研究
——基于广东省制造业客户市场调查

◎李成青[1] 刘静远[2] 梁少丽[1] 谢洁华[1] 陈泽鹏[1]

1 中国工商银行广东省分行,广东广州,510120;
2 华南师范大学信息光电子科技学院,广东广州,510000

摘　要：中美贸易摩擦暴露出我国在核心技术领域的短板。本文从商业银行实务操作角度出发,基于广东省制造业的金融市场需求调研情况,考察制造业企业的融资需求及障碍。通过总结广东省银行信贷支持制造业的典型案例经验,综合分析制造业需求特征,提出应从转变发展观念、加强与外部机构合作、全方位多渠道发展、加快产品及服务创新配套、有效进行流程改革、推行专业治贷模式、强化贷后管理以及加强人员培训指导等方面入手,探索商业银行信贷支持制造业的发展路径。

关键词：制造业　商业银行　信贷市场　发展路径

一、引言

我国制造业经过近40年的持续快速发展,整体行业规模从小变大,目前已建成完整的工业体系。但我国作为世界上仅有的制造业大国，制造业水平与世界先进水平仍存在较大的差距，近期中美贸易摩擦暴露出我国在核心技术领域中的短板。2015年我国出台了"中国制造2025"计划，在国家层面实施制造强国战略。2018年底，中央经济工作会议将"推动制造业的高质量发展"作为2019年七项重点任务的第一项，强调指出要推动先进制造业和现代服务业深度融合，坚定不移地建设制造强国，增强制造业技术创新能力。2019年政府工作报告提出：推动制造业高质量发展，推动传统产业改造提升，加快建设制造强国，支持企业加快技术改造和设备更新，将固定资产加速折旧优惠政策扩大至全部制造业领域；同时实施更大规模的减税，重点降低制造业和小微企业税收负担，将制造业等行业现行16%的税率降至13%，继2018年从17%降至16%的减税政策之后再次实施减税优惠；降低社保费率，基本养老保险单位缴费率可降到16%；支持大型商业银行多渠道补充资本，增强信贷投放能力，鼓励银行增加制造业中长期贷款和信用贷款。从各个方面加强制造业的政策配套，为制造业减负，增强制造业的经营活力，全面提升制造业发展水平。

2018年我国实现经济增加值90万亿元，比上年增长6.6%，其中第二产业增加值36.6万亿元，比重为40.66%，比2017年增长5.8%，其中规模以上工业企业增加值比2017年实际增长6.2%，增速缓中趋稳。全国固定资产投资比上年增长5.9%，第二产业投资增长6.2%，其中制造业投资增长9.5%，较2017年提高了4.7个百分点。整体上，制造业得益于国家的行业发展战略以及减税降费政策，在去产能工作的推动下，企业盈利有所增长，制造业投资增长速度有所加快。

在广东省，随着经济进入新常态，制造业一方面要面对经济增速放缓和去产能的压力，另一方面要迎接发展动能转换和贸易条件恶化的考验，"广东省制造"进入了转型升级、结构调整的关键时刻。广东省政府明确坚持制造业立省不动摇的战略，先后启动智能制造发展规划和工业转型升级攻坚战三年行动计划，深入贯彻落实"中国制造2025"。2018年8月31日，《广东省降低制造业企业成本支持实体经济发展的若干政策措施》出台，在降低企业税收负担、用地成本、社会保险成本、用电成本、运输成本、融资成本、制度性交易成本，支持工业企业盘活土地资源和提高利用率，支持制造业高质量发展及加大重大产业项目支持力度等方面提出相关政策措施，进一步降低制造业企业成本，支持实体经济发展，稳固制造强省的建设。

金融业是经济发展的核心，实践证明，银行业与经济发展息息相关，经济发展带动银行业发展，同时银行业又反作用于经济发展。通过信贷资源适当配置，能够实现产业和金融的良性互动。2017年中国人民银行等五部门联合出台的《关于金融支持制造强国建设的指导意见》明确提出，要高度重视和持续改进对制造强国建设的金融支持和服务，积极发展多元化金融组织体系，创新发展信贷管理体制和金融产品体系，大力发展多层次资本市场，发挥保险市场作用。以此拉开金融服务制造业发展的序幕，对支持制造业转型升级、建设制造强国具有重要意义。

我国正处于经济新旧动能的换挡期，2018年以来在美元走强、中美贸易摩擦等多变的外部环境影响下，经营增速减缓、盈利提升空间有限、资产质量承压、新业务增长点受限，使商业银行面临巨大挑战。例如，广东省某银行制造业客户7414户，是该行法人信贷客户最重要的组成部分，但仅占广东全省制造业客户的1.51%，占全省规模以上制造业客户数的16%，且该行近年来制造业贷款质量总体保持稳定，不良率保持在1.7%~2.8%，可见对于制造业客户仍有可拓展市场空间，并有利于保持资产质量。为此，建设制造强国的顶层政策及地方政府配套政策的出台催生出大量的政策红利和银行市场空间，进而形成巨大且有效的金融需求。2018年制造业投资总额达21万亿元，在降税减负政策利好的刺激下，未来仍将持续增长，这为金融业的发展带来广阔的市场空间，也将给银行在新一轮经营发展中注入新的经营活力。

基于上述现实背景，本文从商业银行实务操作角度出发，针对广东省制造业在全国的比重较大、具有典型的调查分析意义的情况，通过对广东省制造业客户的市场调查以及银行客户经理的访谈，考察制造业的金融市场需求及发展障碍，总结广东省银行金融支持制造业的典型案例经验，进一步综合分析制造业需求特征，并提出能够实际操作的商业银行信贷支持制造业发展的路径。

二、广东省制造业的金融市场需求调研情况

商业银行要大力发展制造业金融业务，只有主动研究制造业的发展方向和客户金融需求特点，才能更好地以客户为中心，通过提升自身服务实体经济的能力，推进自身经营转型和可持续发展。2017年广东省第二产业比重为43%，先进制造业增加值占规模以上工业企业比例达53.2%。主营业务收入超百亿元、千亿元的企业分别达260家、25家，进入世界500强的企业从4家增加到11家。近年来，广东省制造业经济总量不断扩大，2018年GDP达到9.73万亿元，占全国的10.81%，比2017年增长6.8%。全省规模以上工业企业新增8439家，总数量已超过5万家，位列全国第一；全省国家级高新技术企业数量超过4万家，总数量、企业总收入、净利润等均居全国第一。由此可见，制造业已成为广东省的核心产业和支柱产业，并呈现出主体多、集聚度高、转型创新加快等特点。为此，广东省制造业情况在全国范围内具有良好的代表性，以广东省制造业企业的融资需求情况作为调查样本进行调查分析，其结果具有较强的真实性和可信度，具有典型的调研意义。

为更好地了解制造业客户的金融需求情况及产业分布特点，使银行有针对性地发展制造业信贷市场，2018年下半年随机选取了广东省某银行657户制造业客户，其中426户为有贷款客户，231户为无贷款客户，由银行经办人员通过调查问卷的形式对他们的金融需求情况和行业情况进行调查。

（一）信贷需求特点

调查汇总结果显示，绝大部分的制造业客户主要有项目技术改造的长期资金需求以及配套营运资金需求。融资需求总体呈现出以下五个方面的特点。

1. 制造业企业资金以项目技术改造为主

564户受访企业表示2019—2020年有项目技改投入的预算和计划，占总样本的比例为85.8%，其中519户已明确将在明年进行项目技改，占比为79%。共有23家客户表示在未来3年左右有新建项目的计划，占比为4.08%，他们都存在项目建设资金需求。因此，反映项目技术改造的需求是当前制造业融资需求当中非常重要的组成部分，它与当前经济环境低迷、企业控制扩张速度和通过优化产品满足市场需求的情况密不可分。但随着2019年初关于进一步降低制造业税率和社保费率、加速固定资产折旧的优惠政策的出台，企业利润空间增加，后续制造业的项目投资和产能扩张可能加速发展。

有68户无贷款客户表示有流动资金贷款、银行承兑汇票等短期的资金需求，占无贷款余额客户的29.44%，资金主要用于企业的日常营运。这与经济企稳向好、企业经营增长、资金配套需求增长相关。

2. 企业项目建设以设备购置为主

调查显示，制造业企业项目技改的投入最主要是用于设备购买与改造（占43%），其次是进行技术研发（占25.2%）和节能减排等环保技术改造（占15.2%），上述三项投入合计约占制造业企业技改投入的83.4%。技术研发符合当前"制造业强省，提升制造业自主创新能力"的目标要求。近年来，国家加强环境保护治理，环保要求提高，为此部分企业进行环保技术改造以适应当前国家环保政策和环保治理的具体措施。技改投入具体情况如表1所示。

表1　　　　　　　　　　环保技术改造投入情况

选项	比例（%）
A. 技术研发	25.2
B. 厂房构建与改造	15.9
C. 机器设备购买与改造	26.3
D. 自动化设备购买与改造	16.7
E. 节能减排等环保技术改造	15.2
F. 其他（自填项）	0.8

3. 融资需求来源以银行融资为主

第一，项目技改融资需求情况。计划在2020年进行项目技改的519户企业中，共有317户企业表示，拟通过银行融资解决项目资金需求，其占比为61.1%，反映出制造业项目技改融资需求畅旺。第二，新建项目融资需求情况。全部23户企业均表示需要银行融资用于项目建设，且融资需求金额较大，主要用于扩大产能，该部分企业主要是为开发新材料或新产品的项目，这与当前高端制造业扩张较快的情况一致。第三，配套日常营运资金需求情况。主要体现了无贷款客户的需求，品种以流动资金贷款、银行承兑汇票、进口信用证及押汇等短期的资金周转为主。

根据调查，89.34%的制造业企业对并购贷款、发行债券、资产证券化、产业基金投资、金融衍生产品配套等相关的金融服务产品了解甚少，这与近年来债券市场问题频出，制造业企业普遍规模较小且产品更迭情况较快，以及金融市场未将重心放到制造业企业身上有关。

4. 项目技改融资需求以小额、短期为主

首先，从融资金额上看，制造业项目技改融资需求以2000万元以下的小额为主，占比为85.5%，其中融资需求在1000万元以下的占比76.7%。仅7.7%的企业未来一年的技改融资需求超过5000万元。具体情况如表2所示。

表2　　　　　　　　　　制造业项目技改融资情况

选项	比例（%）
A. 0~500万元	60.1
B. 501万~1000万元	16.6
C. 1001万~2000万元	8.8
D. 2001万~5000万元	6.9
E. 5001万元至1亿元	3.1
F. 1亿元以上	4.6

其次，从贷款期限上看，制造业项目技改融资需求以3年以内的中短期为主，占比为79.4%。仅5.9%的客户有5年期以上的长期融资需求。具体

情况如表3所示。

表3　　　　　　　　　制造业项目技改融资贷款期限

选项	比例（%）
A. 1年以内	32.2
B. 1~3年内	47.2
C. 3~5年内	14.7
D. 5~10年内	5.3
E. 10年以上	0.6

5. 融资担保方式以信用、保证为主

制造业企业融资可以提供的担保方式主要为信用或保证，合计占比48.6%，比房地产抵押方式高1.8个百分点（房地产抵押中46%为可落实全额房地产抵押）。这与当前制造业企业土地及厂房投资不大、设备投资占比较大造成房地产抵押方式较少的特点一致。具体情况如表4所示。

表4　　　　　　　　　制造企业融资担保方式

选项	比例（%）
A. 保证担保	18.6
B. 房地产抵押	46.8
C. 股票、股权质押	2.3
D. 信用	30
E. 其他（自填项）	2.3

综上所述，随着制造业转型升级步伐的加快，技术改造越来越成为企业融资需求的重要方面。

（二）产业区域集聚效应明显

调查客户41%集中在各类开发区、工业区以及产业基地或专业镇区，目前许多尚未进入产业集聚区的企业表示，未来仍将会往产业集聚区发展。当前多地的产业集聚区基本已形成经营优势和配套优势，与目前制造业有明显的产业集聚特征匹配，制造业在产业集聚区发展，整体优势较为明显。

目前工业园区等产业集聚区对新进入的企业均有一定程度的准入、投资要求，以及相关的产业选择标准，这在一定程度上也能够帮助银行了解一些企业信息，降低信息不对称的风险。

(三) 产业转型升级目标明确

传统优势产业是支撑过去广东省经济发展的主要力量，但目前面临结构老化、技术落后等问题。调查中共有238户制造业企业客户（占比42%）表示，未来3～5年存在产业转型升级的需求，其中59.66%已确定升级的目标。

据了解，2018—2020年，广东省拟推动全省先进制造业和优势传统产业实施新一轮技术改造，力争开展技术改造的工业企业超过25000家，累计完成投资2万亿元以上，总体上将形成较大的金融市场空间。

(四) 融资需求满足情况及服务满意度

1. 融资需求满足情况

调查显示，仅15.83%的客户认为能够完全满足企业的金融需求，该部分客户主要集中在大型企业或行业龙头企业，对银行的议价能力较强。银行为保持竞争力，对该类客户的产品配套及服务均优于其他类型的客户；大部分客户需求难以全部满足，也与银行不了解客户情况有关，加上银行自身资源有限，未能有效全面展开服务。具体情况如表5所示。

表5　　　　　　　　　　融资需求满足情况

选项	比例（%）
A. 完全满足需求	15.83
B. 基本满足需求	15.06
C. 小部分满足需求	46.84
D. 未能满足需求	22.27

2. 金融服务满意度

大部分客户反馈对银行整体的金融服务不甚满意，但对银行的结算服务较为认可，银行整体的金融服务存在较大的提升空间，特别是应该更加主动地服务成长性的客户，提高黏性。具体情况如表6所示。

表6　　　　　　　　　　金融服务满意度情况

选项	比例（%）
A. 比较满意	30.14
B. 基本满意	17.96
C. 不满意	51.9

三、商业银行支持制造业融资的障碍

调查同时对40名信贷客户经理进行电话访谈，了解银行支持制造业融资的障碍的具体原因，其中比较共性和集中的原因体现在以下四个方面。

（一）当前经济增速放缓，制造业经营困境持续

当前制造业企业经营环境不容乐观，我国制造业增加值在GDP中的比重自2008年以来不断下降，特别是2018年12月的制造业PMI已下降到49.4%，在PMI荣枯线以下，是2016年3月以来的最低点，制造业企业效益增速有所放缓，加上中美贸易摩擦对行业影响的广度大，导致外需进一步放缓，未来经营预期有所下降，制造企业的经营困难处境可能会持续加剧。

而从银行角度来看，制造业因经济增速放缓会导致较为激烈的同业竞争，此外，银行自身还存在制造业客户基础有待拓宽、产品结构有待优化、资产质量有待提升等问题尚待解决。

（二）制造业细分领域众多，银行熟悉程度有限

根据国民经济行业分类，制造业共有31个大类、525个小类。制造业的细分行业众多，产品门类繁多，产业链条长，各个行业的产品差别大、更新换代情况不同，企业的经营情况、经营特点、产品和行业标准差别都较大；部分行业封闭性强，造成银行仅熟悉小部分主要行业，对具体的细分行业熟悉和了解程度不够。这些均造成制造业在银行的信贷准入难度增加，难以取得有效的融资需求。

（三）前期行业不良贷款较多，银行更加谨慎严格

2013年以来在经济下行、市场普遍低迷的情况下，制造业不良贷款大幅增加，2013年、2014年为爆发期，制造业贷款不良率远高于银行不良贷款平均水平。2018年6月底，平安银行制造业贷款不良率达到6.5%，较上年增长70.6%，创上市以来的新高。南京银行同期制造业贷款不良率为2.45%，比上年同期增长24.36%。行业不良贷款增加，加上股市债市不景气，债务违约现象屡有发生，特别是制造业客户能够落实全额房地产抵押的情况较少，使银行对制造业贷款更为警惕，审批把控更加严格。

（四）贷款资料要求高，风险管理流程长

制造业行业情况不同于铁路、公路、基础设施和房地产贷款业务情况，铁路、公路、基础设施和房地产等行业社会关注度高，行业分析报告较多，其行业数据与经营情况比较透明，易于观察了解，市场发展情况及需求较易掌握。而制造业中绝大多数细分行业的市场情况及行业数据不容易获得，行业透明度不足，为此在贷款操作中，需要取得用以分析佐证的资料较多，整体的决策流程变长，存在贷款获批难等实际困难情况。

（五）未全面了解企业需求，服务方式较单一

调查反映，55%的制造业客户存在多元的融资需求，包括项目贷款、流动资金贷款、银行承兑汇票、信用证等传统的各项业务需求，11%的客户还存在并购贷款、产业基金、跨境担保、海外项目建设等新型业务需求。银行信贷客户经理对各项业务产品的属性、政策、流程不够熟练，银行多以流动资金贷款包打天下的传统方式经营，未树立"以客户为中心，满足客户需求"的理念。

同时，银行目前服务方式较为单一，主要以传统的贷款为服务手段，以单一客户为主进行服务，并未形成从产业链条、产业集聚区、高新企业群体、财政贴息群体入手开展链式发展的经营思路，以及全产品配套的经营策略。

四、广东省银行业支持制造业典型案例

制造业是银行经营的重要领域,近年来在政策的支持下,广东省制造业信贷实现持续增长,围绕制造业客户还有很大的可拓展的市场空间,有利于保持较好的资产质量。为此,本文基于银行支持机器人产业跨国并购、先进制造业项目、传统制造业的升级改造项目、制造业供应链的业务情况,针对大、中、小不同类型的企业有选择性地挑选案例进行分析,总结银行支持制造业企业的经验及方法措施,为后续银行业支持制造业提供示范样本。

(一)某大型集团的机器人产业跨国并购项目

库卡集团(KUKA)成立于1898年,是一家德国上市公司,是全球机器人应用和系统解决方案领域技术创新的领导者。2015年库卡集团营业收入22.96亿欧元,毛利润6.98亿欧元。该集团近年来各业务板块协同潜力不断释放,公司EBIT及净利润随销售收入大幅增加。

在全球经济波动、国内宏观经济环境"新常态"等因素的影响下,国内的MD集团面临比以往更大的挑战。作为国内家电行业的领军企业,MD集团加快推进以"智能制造+工业机器人"全面提升智能制造水平,并以工业机器人带动伺服电机等核心部件、系统集成业务的快速发展;以"智能家居+服务机器人"推动智慧家居的快速发展与生态构建,打造智慧家居集成系统化、生态链能力。

库卡集团的机器人技术及经营状况将帮助MD集团进一步升级生产制造与系统自动化,成为中国制造业先进生产的典范,收购库卡会有效体现并购协同效应。为此,MD集团公告通过全资境外公司MECCA INTERNATIONAL(BVI)LIMITED向库卡集团股东发起要约收购。该收购方案较为复杂,主要焦点在于,根据德国要约收购的要求,要约收购成功的标志是企业所持有的以及归因于要约收购购买的库卡股票,至少合计超过库卡发行股份总数的30%,若未达30%,则要约失败。按初步确定要约价格每股115欧元计算,库卡集团已发行股本39775470股,MD集团自身持有13.5%的股

票。若少于 16.5% 的股东接受要约，则要约失败；若超过 16.5% 的股东接受要约，则要约成功，MD 集团至少需支付 7.54 亿欧元；但若其他全部股东接受要约，则 MD 集团将最高将支付约 39.56 亿欧元。即 MD 集团为此次要约收购需支付的金额为 [0，(7.54，39.56)] 亿欧元。同时，在此期间，MD 集团也可择机在二级市场以低于要约收购的价格继续增持股票，金额不超过 41 亿欧元，以 EUR/CNY 当时汇率 1:7.35 折算，约折合人民币 301.35 亿元。考虑到后续市场形势可能发生变化，MD 集团有可能提高要约收购价款以达到收购预期，加上要约收购信息发布以来，库卡集团股价已快速爬升至 121 欧元/股，若 MD 集团将要约价格提高至 145 欧元/股，届时整体交易金额可能将达到 50 亿欧元，约折合人民币 367.5 亿元。虽然 MD 集团在境内流动性较为充裕，且银行授信及债券筹资能力强，但国内对资金出境限制、汇率管理等因素的存在，使 MD 集团资金调动出境存在较大障碍。

针对以上情况，以及考虑到并购需要取得境外低成本融资的因素，某银行联合其境外分行通过境外低成本资金以 MECCA 作为融资主体，为 MD 集团办理最高不超过 50 亿欧元的并购融资，用于其在二级市场增持 KUKA 股票及要约收购。同时，根据德国要约收购的要求，以该银行在欧洲注册的合法金融机构为 MECCA 出具要约收购资金支持函，从而为 MD 集团并购解决资金渠道和支持函的问题。通过并购业务该银行在境内融资方面进一步强化授信及债券承销方面的合作，且作为牵头方及参与方之一在境外融资方面进行境外银团筹组或发债支付并购价款，通过发债形式置换前期融资，从而加深与企业合作，进一步巩固银企关系，为后续其他业务提供合作的渠道。

同时，该方案的成功需要境内外银行联动协同配合，这不仅能够取得低成本资金，而且能满足境外大额的资金要求以及处理好相应的可信任的支持函问题。总体来看，对此类并购业务，大型商业银行资金来源和渠道更广泛，因而更具有优势，对复杂程度高的业务能够提供全方位的需求解决方案。

(二) 某大型集团的电子供应链融资业务

GL 电器是国内空调行业的龙头企业，企业 12700 多个品种规格的产品远销 160 多个国家和地区。其家用空调产销量自 1995 年起连续 22 年位居中国空调行业第一，自 2005 年起连续 12 年领跑全球，处于行业内的龙头地位。2016 年实现营业收入 1101 亿元，净利润 154 亿元，总体实力强，增长势头强劲。

GL 电器长期处于全国空调生产行业的领先地位，产品在国内外市场十分畅销。为充分利用其优势市场地位、最大限度地降低经营成本，其在国内的销售由 27 个一级经销商完成，且经销商采购一律是先款后货，并采用银行承兑汇票进行支付。GL 电器一级经销商开票提货分两种方式：一种是"三方协议"模式，该模式由 GL 电器承担回购责任；另一种是经销商使用自身独立授信的"两方协议"模式，向银行开立银承票采购。为此，GL 电器经销商存在大量的资金需求。

由于 GL 电器向某银行授予一级经销商区域独家代理权，因而能够对银行披露经销商年度销售计划、销售价格等数据，某银行也能从 GL 电器供应链条的实际出发开展业务，二者形成紧密联盟关系。银行提供采购资金整体解决方案，在 GL 电器提供经销商年度销售计划以及信用增级的前提下，采取"两方协议""三方协议"两种形式为经销商开立银行承兑汇票。在"两方协议"开票模式下，银行根据其年度销售计划，将经销商授信纳入 GL 电器集团授信，并根据其信用敞口等额同步调减 GL 电器在该行授信。"三方协议"模式下，由 GL 电器对一级经销商的银行承兑汇票开票业务提供到期代偿兜底责任。"两方协议"和"三方协议"项下开立银行承兑汇票，期限为 6 个月，金额根据购货量及流动资金需求测算进行确定。"两方协议"银承票的保证金比例为 30%，敞口部分为信用方式；"三方协议"银承票无须缴存保证金。该银行同时要求 GL 电器明确一级经销商区域独家代理权的资质，取得其年度销售计划、销售价格等相关信息。将经销商纳入 GL 电器集团授信管理范围，为经销商提供信用方式的综合授信额度，并调减 GL 电器授信，从产业链的角度上进行总量控制。同时在授信释放上，一是将经销商应付票据余额与库存数进行比较，若库存数大于应付票据余额，经办行应核实原因，如出现滞销等情况影响经销商偿债能力的事项，立即停止办理融资业务,并要求经销商补充开票保证金,争取三方协议业务份额。二是为保证经销商的库存与融资相匹配,不定期核实经销商的存货情况,定期要求经销商提供其存货的情况说明,以确保落实经销商的不赊销原则,并对下游经销商融资进行额度限制,经销商总体信贷额度不超过67亿元。

该银行为 GL 电器经销商业务开办供应链业务的 4 年时间里,已累计开票 112 亿元,最大单年为 58.52 亿元。目前,华润银行、平安银行、民生银行等银行也给予 GL 电器经销商充足的授信额度。

总体来看,供应链条融资取决于核心企业的综合实力和担保能力、银行的授信认可程度、授信金额是否足够、银行融资方案设计的合理性以及可操作性。案例中 GL 电器在供应链中处于核心地位,供销渠道稳定,与交易对手的合作关系和履约记录良好,具有较强的上下游辐射能力,财务管理规范,现金流量充足,支付能力可靠,也是该方案实施与否的先决条件。

(三) 某上市企业电声器件及音射频模组扩建项目

LX 公司主要生产连接器、连接线、无线充电器、扬声器、麦克风等,企业在全球连接器生产商中排名第 8 位,是国内行业龙头企业,主要客户有苹果、微软、联想、惠普、谷歌、三星、华为、亚马逊、索尼等。2017 年 LX 公司成为苹果 AirPods 无线耳机整机生产商,属于苹果核心供应商。企业近年销售收入及利润总额呈持续增长趋势,主要是因为企业近年来进行深层次的垂直整合,订单量及业务量不断增长,2017 年实现销售收入 228 亿元,实现利润总额 20 亿元,比往年有大幅增长,市场份额不断扩大。

LX 公司作为国内连接器领域的龙头企业,通过纵向垂直整合与横向业务拓展,已实现"机、电、声、光"全方位发展,其中声学领域是集团重点发展业务之一。2017 年 LX 公司获得苹果无线耳机 AirPods 整机生产订单,设计及生产能力得到行业及市场认可。企业各类耳机年产能利用率已达 100%,原有生产能力已无法满足客户新增订单的需求,因此通过建设电声器件及音射频模组扩建项目,升级产品,进一步提高其在声学领域的产能以满足客户订单增长需求。

LX公司电声器件及音射频模组扩建项目主要产品为各类智能耳机（主要运用于智能手机、电脑、语音通信、可穿戴设备等消费电子领域，较原产品大幅升级），项目总投资为138026万元，全部达产后可生产各类耳机1068万套/年，预计年销售收入为21亿元，主要客户有BOSE、金仕顿、DELL、亿联等。由于技术新、设备要求高，造成项目总投资大，后续存在较大可能追加投资的情况。此外，由于声学行业处于快速发展及创新阶段，尚不存在通用的解决方案可以满足所有下游产品需求，其行业呈现新技术不断涌现的技术格局，这也使产品市场及技术存在较大的不确定性。随着下游客户对产品个性化、技术性能差异化需求的日益增长，一旦出现性能更强、成本更低、生产过程更加环保的声学技术解决方案，行业企业现有技术方案就将面临被替代的风险。因此，大多银行并不认同这个项目，该项目在金融服务以及项目贷款支持上停滞不前。

此后，某银行经过反复论证分析，引入第三方专家咨询，认为LX公司当前拥有部分声学技术，后续通过加强创新研发，能够提高技术应用水平，加上随着近年来信号传输技术的发展，耳机技术、设计革新及消费观念正在发生改变，未来无线蓝牙耳机需求将会高速增长。同时与企业反复磋商，企业也将采取以下应对措施。第一，积极参与知名品牌产品的前期设计及技术研发，跟踪国内外技术发展动态，引进、消化、吸收和充分利用同行业先进的技术成果。在致力于不断创新及提升现有声学产品功能及综合产品方案的基础上，努力掌握和储备声学产品在智能语音交互、VR/AR等领域的新型技术。第二，进一步加大新技术、新工艺和新材料方面的研发投入，通过提高科研人员各项待遇，完善研发激励机制，吸引并留住高素质的专业技术人才，增强借款人的研发能力，在技术开发过程中实施有效管理，把握开发周期，降低开发成本。

考虑到该项目后续建设及机器设备投入有可能进一步增加，预计项目总投资可能增加至147026万元，因此银行灵活设计项目贷款方案：若该项目总投资为138026万元，则项目贷款不超过55000万元；若该项目总投资增加至147026万元，则项目贷款不超过64000万元。同时由于产品更新换代较快，因此将贷款年限缩短到6年，要求该项目资本金不低于83026万元，且在银行贷款同比例先期投入，以及项目全部存款、资金结算、服务统一在该银行进行的情况下，通过信用方式发放项目贷款（项目建成后，资产后续追加抵押），以综合方案控制达到风险整体有效控制的目的。

由此可见，在不熟悉的行业，银行通过引入第三方进行专业咨询，为项目贷款决策提供参考，一定程度上减少了信息的不对称性问题，并进一步了解行业的市场前景，为更好地设计融资方案提供依据。同时，对于预期变化较大的项目投资，能够根据实际项目情况灵活设计弹性融资金额和贷款年限，并敢于采用信用方式发放项目贷款，从而确保业务的审批落地，在促进业务发展的同时，也提高了银行的市场地位。

（四）某小企业的新建厂房项目

YH公司是为承接关联企业的香料、香精业务而成立的公司，目前在某工业园区新建产业转移的新厂区，项目总投资约12000万元，土地面积32485.7平方米，拟建成厂房、仓库、办公楼、宿舍等建筑总面积为45943.83平方米。建成后将对承接的广州两公司原两大板块（咸味、甜味香精香料）进行产能扩张升级，并增加日化香料板块的生产线，项目将建成各类型生产线10条，设计产能为3万多吨，达产后年产值达3亿元。其关联企业拥有17项专利成果，拥有外籍专家、博士、硕士及专业技术人员组成的研发团队，并与国内多家高校、科研院所建立产学研实验和实训中心，承担国家、省、市级科技项目14项，已建成广东省香精香料工程技术研究中心，有效提高了产品市场竞争力，扩大了市场份额。YH公司主要承接的关联企业2018年营业收入为13882万元，净利润达1565万元，且近年来经营稳定，具有一定的偿债能力。因项目已投入自有资金7085万元，企业尚需后续资金用于配套日常生产，为此出现一定的建设资金缺口，有意向银行申请3000万元小企业贷款。

YH公司属于产业转移类的新建企业，从广州搬迁到清远，清远当地银行对其不够了解，也未能摸清企业实力情况。加上项目尚在建设中，香精香料、食品添加剂的生产及销售有一定的食品安全和环保隐患风险，且生产所需原材料价格波动较大，容易对企业销售利润产生一定影响。

企业项目投入较大，在短期内难以实现产能的全部利用，可能导致经营效益和盈利不多，若能够拉长期限，将资金对应投入项目建设中，采取在项目投产后分期收贷的方式，将能够满足企业的需求，并能够确保项目生产配套资金的使用。在这种情况下，某银行通过走访工业园区的管委会了解YH公司的实际情况，以及园区对入园企业的高筛选标准，在对企业实力进行一定的了解后，前往广州实地调查企业的经营情况，并通过合作的机构、企业下游客户进一步摸清企业的生产经营情况以及资金实力情况。同时，银行以审计报表反映的现金净流量490万元测算，在10年内企业现金流回笼能够覆盖3000万元的贷款本息。为此，银行为YH公司办理了10年期3000万元的小型企业固定资产购建贷款业务。

结合上述案例，银行应该从源头（如园区管委会等）、合作方、上下游客户等各个方面全面了解小企业客户特别是新建的小企业客户的情况，同时应该以客户为中心，以满足客户需求为出发点，更好地介入客户，提高业务黏性。

五、银行信贷支持制造业发展的路径

（一）转变发展观念

目前，针对制造业产品门类繁多、行业情况复杂、企业经营参差不齐的特点，银行"不敢做、不愿做、不会做"，对制造业的信贷业务出现主观畏难、惯性从紧、机械套用办理条件等问题，灵活运用产品服务客户的技能有待提升。对此，银行应当转变观念，本着以"客户为中心"的理念，以满足客户需求为出发点，探索制造业信贷市场的支持路径，同时强化学习、主动作为，顺应当前制造业的金融需求特点和变化趋势，及时调整自身经营策略，加速推进对优质制造业客户的金融支持。

（二）加强与外部机构的合作

银行无法熟知制造业中不同细分领域的情况，针对制造业不同领域有不同的工艺技术和经营特征，可积极与行业协会、专业咨询机构、科研院校等外部机构进行交流与互动，获取业内具体的行业发展资料及行业发展动态、趋势，避免闭门造车。在具体项目贷款上，可以引入具有一定资质或要求的外部机构参与项目评估，分析项目的市场和效益情况、项目的经营偿债能力情况，出具相关的项目评估意见，为项目贷款决策提供参考。

目前，专业园区对新进入的企业或项目均有一定的准入、投资要求，以及相关的产业选择标准，对此银行也可与专业园区管理方合作，一方面从侧面了解一些企业信息，降低信息不对称的风险；另一方面进一步发掘客户资源。同时银行也可与当地的政府机构联动合作，从源头了解和挖掘市场。

（三）全方位多渠道发展

从制造业产业链的上下游、产业集聚区空间分布、区域制造业及经济发展战略入手，全方位拓展业务，围绕国家战略、地方特点做好制造业客户的信贷支持。

1. 围绕产业链条延伸，挖掘业务机会

制造业一大特点是企业之间沿产业链开展深度分工与合作，上下游企业围绕核心企业形成合作紧密的生态圈，从而为银行业务发展带来业务机会。应着力深挖产业及客户生产链条，寻找产业链上有价值的客户，寻求业务突破。围绕制造业核心客户，将供应链摸清摸透，对供应链上游客户的技术改造需求择优介入。

2. 围绕产业发展方向，确定目标市场

制造业发展要以国家及地方发展战略为指导。银行应围绕"中国制造2025"等相关政策规划，仔细分析当地市场，布局信贷业务。可以通过主动与政府相关职能部门对接，按照当前国家发展战略和当地政府部门的规划，对业务发展进行部署。还可将行业龙头、政府推介客户以及普惠技改客户作为确定的目标客户，确保有序拓展目标市场和发掘优质企业，拓宽银行客户基础，实现业务增长。

3. 围绕区域经济特点，锁定营销方向

当前我国区域经济的发展存在较大的差异性，产业布局也形成梯度发展的态势。银行根据各地产业发展的重点,自上而下地实施差异化指导,根据区域协调发展的战略布局,综合制造业发展规划、区域资源禀赋、融资业务发展现状,因地制宜地开展精准营销。可将区域发展要求划分为适度增长和稳健增长两类:对于适度增长类,要求制造业贷款和技改贷款增速高于全行业平均水平,资产质量优于全行业平均水平;对于稳健增长类,须在推动存量制造业信贷资产质量不断优化的基础上,结合辖区内龙头企业和特色产业集群的亮点,加强信贷结构调整,使制造业融资业务发展与区域经济特色相匹配。

4. 围绕降税减负等政策方向,深度挖掘市场

当前经济增速放缓,部分制造业客户经营情况困难。由于大部分制造业企业利润低,盈利情况难以覆盖贷款利息,对银行贷款未能形成有效保障,因而出现制造业信贷投放障碍。但近期国家进一步降低制造业税率和社保费率、加速固定资产折旧的优惠政策出台,给以制造业为主的实体经济让利,使企业的利润空间增加,经营活力得到释放,融资偿付能力增强。为此,银行可以深度挖掘存量客户,对原来偿债能力不足的企业或项目重新启动评审,按新的降税减负政策测算企业或项目的整体偿债能力,向存量客户要业务、要市场,提升金融服务能力。面对有力的政策支持,制造业投资动能将有所加强,在这种情况下,银行更应该紧跟行业的发展动态,寻找和挖掘市场空间,拓宽金融业务深度。

(四) 加快产品及服务创新配套

为制造业客户提供融资支持仅是银行服务制造业的一个手段,银行要加快从单一信贷供应者向综合金融服务商的转变,发挥银行特有的"大资管、全产品"优势,强化组合式服务,通过"信贷+投行""信贷+租赁""信贷+基金"等方式,综合运用信贷、债券承销、产业基金、资产管理、融资租赁、财务顾问等金融工具以及产品组合,满足制造业企业各个生命周期的金融需求。通过"法贷+个贷""融资+结算"等方式,满足制造业企业、企业主、高科技人才的金融服务需求。

1. 加快产品创新

要把金融科技与制造业贷款结合起来，特别针对金额需求较少的制造业客户努力探索精准化、自动化、智能化融资模式，通过与税务、工商、海关、质检、法院等部门信息系统和平台的对接，解决信息不对称的难题。关注政府指导的新动向和企业经营的新特点，积极探索配套相应的融资产品，如以政府补贴、奖励作为还款来源的产品。此外，对于目前国家的环保升级要求，企业普遍存在环保改造的需要。可以根据制造业的普遍特征，设计适用于环保改造升级的短流程、小金额的信贷产品，匹配当前制造业客户的小型环保改造需求。总体而言，银行应根据制造业客户的融资需求特点，搭建制造业转型升级融资产品体系。

2. 进行担保方式创新

根据不同行业的风险状况，设计以股权、专利、知识产权质押的产品，满足企业的个体化需求。将一定金额以下的小微企业设备购置贷款设计成可将机器设备作为保障措施的融资产品，或者对将全部存款、结算、金融资产等全产品统一归集到银行的客户，在银行能够动态监测企业各项运营数据的前提下，以信用方式提供融资，解决制造业客户的融资难题。

3. 引入第三方担保

对不能提供担保的制造业企业可引入政府性融资担保基金担保信用增级，并争取由财政信贷补偿专项资金对先进制造业的小微企业超过一定比例的不良贷款净损失进行相应补偿，提高银行的发展动力。加大制造业供应链金融的发展力度，提供更多增信措施，为实力良好的供应链核心企业提供担保，提升制造链条的信贷可获得性。

（五）有效进行流程改革

要构建制造业客户贷款的评审绿色通道。在营销上，大客户要提级营销直接发起业务，缩短业务流程。在业务调查评审上，要针对制造业不同的行业特点，优化融资业务调查标准，着重分析经营真实性、市场持续性、融资还款可靠性，优质制造业客户一定金额内的项目贷款无须可行性研究，并可免于评估,在把控好关键风险点的前提下简化评审流程,全面提升业务评审效率。同时可围绕金融科技加快自身的业务流程改造,以数字化、场景化、移动化、体验化为目标,通过自动化评级、主动授信、定制化流程、批量化操作、智能化风险监测等手段,提升金融服务能力。

(六) 推行专业治贷模式

根据各地区制造业的不同特点,构建制造业细分行业的特色支行经营模式,即某一支行专门就某一行业进行研究,集中力量把某一行业的特征和趋势分析透彻,并形成自身的经营优势,区域内该行业的业务均由该支行牵头发起和管理,通过推行专营机构治贷,达到整体防控风险的目标。

要打造一支具备精深专业能力的信贷专家队伍,加强对区域内特色行业、产业的研究,在制造业客户营销、服务方案设计、风险防控等方面提供专业的意见。同时,根据区域经济及制造业行业、客户的特点,探索建立自上而下细分行业限额管理的风控体系。

(七) 强化贷后管理

针对制造业客户设计专门的贷后检查模板,指导客户经理进行重点检查,力促客户经理切实加强客户的实地走访,及时发现客户生产经营变化的风险苗头;真正落实企业账户的监管,对资金流异常的情况要有高效的风险防控机制。

同时,还应体现尽职免责原则,在制造业不良贷款责任认定中要充分考虑行业特点,依据信贷决策时点的主客观条件对是否尽职履责进行评判,贷款出现风险时,对关键环节尽责的经办人员,原则上免责。

(八) 加强人员培训指导

积极组织员工参加制造业各行业前沿会议,增加银行各层面对行业最新行情的了解,并定期加强与科研机构、行业协会合作沟通,建立定期培训机制,帮助信贷人员掌握好服务制造业客户必要的政策、产品和技能,指导分行选择优质客户,正确识别风险。

参考文献

[1] 贾明琪,李成青.新银行监管模式视角下我国商业银行经营转型的思考[J].南方金融,2011(11):27-31.

[2] 陈泽鹏,肖杰,李成青.新形势下商业银行发展金融科技的思考[J].国际金融,2018(2):37-41.

[3] 谢洁华,李成青.论新形势下银行信贷进入策略[J].南方金融,2009(1):58-60.

[4] 陈泽鹏,黄子译,谢洁华,等.商业银行发展金融科技现状与策略研究[J].金融与经济,2019(11):22-28.

高管权力、内部控制与股价崩盘风险研究*

◎郭慧婷 汤 朦

长安大学经济与管理学院，陕西西安，710064

摘　要：股价崩盘风险已经影响到我国股市的健康发展。本文以我国2012—2016年A股上市公司的数据为样本，实证检验了内部控制与股价崩盘风险之间的关系，同时考察了高管权力对两者关系的影响。研究发现：内部控制能显著降低上市公司股价崩盘风险；高管权力削弱了内部控制与股价崩盘风险的负相关关系；相比非国有公司，高管权力更加弱化了国有公司内部控制对股价崩盘风险的抑制作用。建议从内部控制和高管权力的角度出发寻找稳定股市的新措施，在建立健全内部控制体系的同时，也要注重对高管的监督，避免高管权力过于集中。此外，可以通过国企改革更好地降低高管权力，把内部控制制度落到实处，防范和化解股价崩盘风险。

关键词：内部控制　高管权力　股价崩盘风险

---

* 基金项目：1. 中央高校基本科研业务费专项资金资助：基于互联网平台的陕西中小型企业融资信用分类评价体系研究（项目编号：310823160658），主持人：郭慧婷。2. 中央高校基本科研业务费专项资金资助：以研发支出削减后再逆转动机为视角的盈余管理研究（项目编号：300102239634），主持人：郭慧婷。3. 教育部产学合作协同育人项目：内控有效性、会计信息质量与风险管理实践基地（项目编号：201802289014），主持人：郭慧婷。

一、引言

近年来,中国股市剧烈波动的现象吸引了众多学者和媒体的目光。尤其是在 2015 年,我国股市经历了近 7 年上涨幅度最大的一波牛市。但随后一年时间内,股票从千股涨停变成千股跌停,股价剧烈波动,严重影响了资本市场的稳定。股价的剧烈波动,一定程度上显示出我国股市在发展过程中存在重大隐患,这些隐患在一定契机下集中爆发,会严重影响我国股市的健康发展。股价崩盘的现象持续时间过长,涉及股票较多,极可能摧毁投资者的信心和损害投资者的利益,不利于资本市场的健康平稳发展。由于股价崩盘风险极大地影响了资本市场的稳定,越来越多的学者关注于相关研究:哪些因素引发股价崩盘?哪些行为可以有效预防或降低股价崩盘风险?

通过对已有文献的梳理,发现大多数学者从内部治理、外部治理和信息披露三个角度进行股价崩盘的影响因素研究。从内部治理角度出发,管理层隐藏公司的不利信息导致了信息不对称,尤其是在外部监控机制失效的情况下。此时,企业的股价往往被高估,从而产生泡沫。当隐藏的下行消息持续累积到一定程度时,股票价格将发生暴跌[1-2]。佟孟华等利用中国上市公司数据进一步研究发现,大股东持股比例的上升抑制了公司战略对公司股价的不利影响,在内部监督方面起到了积极作用,大股东持股比例与股价崩盘风险呈显著负相关关系[3]。从外部治理角度出发,学者们研究焦点都聚集在审计意见、机构投资者、分析师、媒体监督等方面[4-7]。肖土盛在许年行等研究的基础上发现,分析师分析的准确性会影响股价,分析师预测越准,股价崩盘风险越小[8-9]。从信息披露角度出发,彭旋与王雄元通过对 A 股上市公司数据的分析得出,客户信息披露有利于提升公司信息透明度,降低由于信息不对称导致的股价崩盘风险[10]。通过对已有文献的分析发现,只有少数学者从内部控制的角度出发研究股价崩盘风险,几乎没有文献同时从内部控制和高管权力两个角度研究股价崩盘的风险。

内部控制在公司健康发展的过程中发挥着越来越重要的作用。已有文献研究发现,加强内部控制有利于上市公司加强内部治理、提高会计稳健性、提升公司价值、减少控股股东掏空、抑制管理层的腐败行为[11-15]。同时,Chen等通过进一步研究发现,在内部控制五要素中,控制环境和内部监督对股价崩盘风险有着重要的影响[16]。

但是,内部控制和股价崩盘风险之间的关系可能受到公司内部权力结构的影响。公司的高级管理人(高管)尤其是CEO或者总经理等位于公司权力顶端的"中心人",掌握着公司实际经济决策权力。高管很可能为了吸引投资,隐瞒对公司发展不利的消息,从而使内部控制变成形式,只能约束普通员工,直接影响到公司内部控制的实施效果。因此,高管权力集中的公司的内部控制可能无法发挥应有的作用。

基于以上分析,在已有文献的研究基础上,本文以2012—2016年中国沪深A股上市公司为样本,研究内部控制与股价崩盘风险之间的关系,并进一步研究了高管权力对两者关系的影响。同时按不同产权性质分组回归,检验国有上市公司和非国有上市公司中高管权力对两者关系的影响是否存在不同,以期为上市公司的治理与发展提供借鉴。本文的研究有利于外部投资者通过利用已有的市场信息规避风险;有助于上市公司寻找抑制股价崩盘风险的措施,为深受股价崩盘风险影响而动荡不安的股市提供最新的经验和证据;有利于我国监督管理部门有针对性地对股市进行有效监督,提高监管者工作效率;同时也有利于我国监管部门从公司内部出发,加强对管理层的监督,更好地对资本市场风险作出有效的防范和改善,为我国资本市场的健康发展贡献力量。

本文的创新点主要包括以下方面:第一,内部控制对公司各方面的影响重大,但是当前缺乏从内部控制的角度研究股价崩盘的文献,因此本文从内部控制的视角丰富了股价崩盘风险的相关文献;第二,本文同时从高管权力和内部控制两个角度研究股价崩盘的风险,拓宽了股价崩盘风险影响因素的研究视野。

二、理论分析与研究假设

股价崩盘是指股票价格或市场指数急速下跌难以遏制的情形。我国资本市场发展依然存在许多不足之处，发展道路是艰苦曲折的，股价崩盘会对我国经济的健康发展产生巨大影响。探求股价崩盘风险的原因已经成为众多学者研究的热点之一。

既有研究表明，股价崩盘内在原因主要有两点。第一，上市公司信息的透明度。Hutton等研究发现，股价崩盘风险与信息透明度呈现负相关关系，公司存在信息不对称性，内部人有信息的先天优势[17]。为了保证投资者持续投资，以及公司现有项目正常运行，管理者会主动隐藏坏消息[18]。公司真实的运行现状无法准确显示在公司股价中，股价存在高估的可能性。一旦公司真实运行状况被披露出来，会增大股价崩盘的风险。第二，上市公司内部代理问题。管理层时常为了保证自身利益，主动隐藏不利于公司的负面信息，选择性披露有利于公司发展的信息[19]。当公司业绩过低，投资者为了保护自身利益会选择解雇现有管理者[20]。因此为了保护自身利益，隐藏不利信息是管理者的首要选择。但是"泡沫总会破裂"，"纸终究包不住火"，负面信息积累到一定程度会集中爆出，公司实际业绩与虚拟业绩相差巨大，股票被集中抛售，最终会导致股价崩盘[21]。基于此，提出以下二条假设。

（一）内部控制与股价崩盘风险

在"安然事件"发生之后，2002年美国国会出台了《萨班斯法案》，目的是抑制财务信息造假的行为，提高信息透明度，保证财务报告的质量。其他各国随之出台相关政策来规范内部控制制度。我国政府也紧跟国际步伐，不断完善内部控制法律制度。

已有学者证实，高质量的内部控制有利于提高会计稳健性[22]，减少管理层隐藏坏消息的可能性，提高信息透明度。内部控制质量越高，内部控制信息的披露越真实，投资者了解的信息越准确，信息不对称的可能性越小，公司股价对公司经营状况的反映越准确，极少出现股价虚高的情况，股价崩盘发生的风险逐渐降低[23]。现行内部控制制度建设越完善的公司，管理层出于自身利益对坏消息进行隐瞒的行为越少。

理论上，高质量的内部控制有利于提高信息透明度，降低投资者与公司之间信息不对称程度，使投资者能够及时准确地了解公司发展情况，调整投资策略，确保股价真实反映公司经营现状，减少股价虚高情况的出现，降低股价崩盘风险。基于以上分析，我们提出假设 H1：上市公司内部控制与股价崩盘风险之间呈现负相关关系。

（二）高管权力、内部控制与股价崩盘风险

内部控制与股价崩盘风险之间的关系，可能会受到公司内部权力结构的影响。首先，管理者作为公司股东的代理者，对公司经营管理决策起到了决定作用。其次，管理者行为影响公司各个制度的执行效率和效果，内部控制制度作为众多制度之一，也受到了巨大的影响。随着我国内控制度的不断完善，为了应对证监会的检查，上市公司都制定了良好的内部控制制度[24]。但在总经理兼任董事长类型的上市公司中，公司权力集中，管理者被赋予控制董事会的权力，其利用权力限制董事会活动的可能性大大增加，削弱了董事会的监督效率，内部控制受到的影响则更为巨大[25]。内部控制对高管几乎形同虚设，高管权力凌驾于内部控制之上，内部控制制衡高管的作用无法被充分发挥出来，内部控制只能对普通员工进行约束，控制效率低下[26]。更有甚者，在高管的指导下进行上市公司的信息披露，由于内部控制失效，高管从个人利益出发，越过内部控制系统，仅仅披露对公司发展有利的信息，隐藏"坏消息"，投资者无法获取准确的信息，股价无法反映公司真实的经营状况。

作为内部人，高管有先天的信息优势。出于契约关系的影响，股东为了保护自身权益，通常会将高管薪酬和公司效益紧密联系。在高管权力集中的上市公司，高管为了保证个人利益，达到股东要求的效益目标，通常更愿意投资负净现值的项目以达到预期的盈利目标。虽然高管达到预期目标，但这类非营利项目持续影响着公司发展，损害了公司效益，一定程度上增加了股价崩盘的风险。基于以上讨论，本文得出假设 H2：高管权力弱化了内部控制对股价崩盘风险的影响。

在我国特有的政治和制度背景下，在国有上市公司中，国有股权长期处于"一股独大"的状态。但国有股权的实际控制人为国有资产监督管理

委员会或其他政府部门，形成了"所有者缺位"等先天产权缺陷[27]。同时，在我国资本市场发展过程中，市场的外部监管机构建设不完善，对上市公司的监督力度不够。在这些因素影响下，国有上市公司普遍存在管理层的"内部人控制"现象，简而言之，国有上市公司管理层同时掌握着国有上市公司的控制权。国有公司高管权力集中造成管理层与股东之间严重的代理问题，内外信息的不对称性更强，对股价崩盘风险影响更大。

刘启亮等指出，公司权力的配置影响着公司内部控制的运行情况。相比非国有上市公司，健全完善的内部控制系统对国有上市公司起到监督规范行为的作用，大大提高了会计信息质量，在一定程度保持了信息的真实性[28]。同时，国有公司高管权力的集中很大程度上削弱了董事会和监事会的监督功能，内部控制系统变成了摆设，起不到监督作用，管理者滥用权力隐瞒对其不利的"坏消息"，加重了公司信息不对称程度，提高了股价崩盘的风险。基于以上讨论，本文得出假设H3：相比非国有公司，国有公司的高管权力削弱了内部控制对股价崩盘风险的影响。

三、研究设计

（一）样本与数据

本文将2012—2016年我国A股上市公司中5年连续上市并且数据完整的公司样本作为研究对象，来研究高管权力、内部控制和股价崩盘风险之间的关系。按照以下原则对原始数据进行筛选：

（1）删除金融类公司，原因是金融公司股权制度和财务核算都不同于其他行业。

（2）删除ST、*ST类公司的样本数据。

（3）删除股票交易周数小于30周的公司年度观测值；

（4）删除主要数据缺失或者数据异常的上市公司。

经过以上数据筛选后，一共获得6810个观察数据。内部控制信息披露指数数据取自迪博数据库（http：//www.ic‑erm.com/），其他财务数据均来源于CSMAR数据库。

(二) 变量选择

1. 被解释变量：股价崩盘风险

本文采用国内学者已有对股价崩盘的测度方法[29]。利用公司股票的周收益数据计算出股票特有的周回报率，通过股票特有的周回报率计算出负收益偏态系数（NCSKEW）和收益上下波动率（DUVOL）两个指标来衡量个股崩盘风险。根据式（1）计算出周收益率的残差 $\varepsilon_{it,t}$。

$$R_{it,w} = \beta_0 + \beta_1 R_{mt,t,2} + \beta_2 R_{mt,t,1} + \beta_3 R_{mt,t} + \beta_4 R_{mt,t+1} + \beta_5 R_{mt,t+2} + \varepsilon_{it,t} \quad (1)$$

式（1）中，$R_{it,w}$ 表示 i 股票 t 年度第 w 周的股票收益率，R_m 表示经流通市值加权平均的市场周收益率。同时，为了减少股票非同步性交易对数据造成的影响，在式（1）中加入市场两个交易日收益的超前、滞后期项进行回归。

利用周收益率的残差 $\varepsilon_{it,t}$，经过式（2）计算股票特有的周回报率 $W_{it,w}$。

$$W_{it,w} = In(1 + \varepsilon_{it,w}) \quad (2)$$

第一个衡量股价崩盘风险的指标是负收益偏态系数（NCSKEW）。式（3）中，n 代表公司股票每年交易的周数。NCSKEW 数值越大，代表股票发生崩盘的风险越大。

$$\text{NCSKEW}_{it,w} = -[n(n-1)^{\frac{3}{2}} \sum W_{it,w}^3] / [(n-1)(n-2) \sum W_{it,w}^{2\frac{2}{3}}] \quad (3)$$

第二个衡量个股崩盘风险的指标是收益上下波动率（DUVOL）。式（4）中，n_{up} 是公司每年周回报率大于平均值的周数，n_{down} 是小于平均值的周数。W_{down} 是下跌周数的特定周回报率的标准差，W_{up} 是上涨周数的特定周回报率的标准差。DUVOL 数值越大，表示股票发生崩盘的风险越大。

$$\text{DUVOL}_{it,w} = In[(n_{up}-1) \sum W_{up}^2][(n_{down}-1) \sum W_{down}^2] \quad (4)$$

2. 解释变量

内部控制变量。借鉴已有学者周晓苏等衡量内部控制质量的指标，本文采用迪博风险管理技术有限公司发布的中国上市公司内部控制指数，来衡量中国上市公司内部控制质量水平[30]。迪博数据库指数在一定程度上综合反映了上市公司内部控制质量的高低。内部控制指数以千分制为评分标准，由于指数值过大，为了更好地进行数据分析，借鉴学者黄政、钟廷勇和刘怡芳等处理内部控制指数的方法，对该指数除以1000予以标准化[31]。

3. 调节变量

高管权力。已有文献中对高管的界定范围并不统一，本文参考学者权小锋等的文献，将高管界定为"公司的总经理、总裁或CEO"[32]。同时参考相关文献，选取第一大股东持股比例、内部董事比例、两职兼任、高管学历、高管职称、高管是否在其他公司兼职、董事会规模、独立董事比例8个权力纬度衡量高管权力[33]。指标解释见表1。

表1　　　　　　　　　　高管权力纬度指标

权力纬度	指标解释
第一大股东持股比例	当第一大股东持股比例低于行业均值时，取值为1，否则为0
内部董事比例	公司内部董事比例大于等于2/3时，取值为1，否则为0
两职兼任	董事长和总经理为同一个人取值为1，否则为0
高管学历	当高管具有硕士及以上学历时取值为1，否则为0
高管职称	当高管具有高级职称时取值为1，否则为0
高管是否在其他公司兼职	当高管在其他公司兼职时取值为1，否则为0
董事会规模	当董事会规模超过行业均值时取值为1，否则为0
独立董事比例	当企业独立董事比例低于行业均值时取值为1，否则为0

运用SPSS软件对8个权力纬度进行主成分分析，主要获得以下结果（见表2和表3）。

表2　　　　　　　　KMO和Bartlett球形检验结果

检验方法	指标	检验结果
KMO检验	KMO值	0.687
Bartlett检验		12069.783
	df	28
	Sig.	0.000

表2显示了主成分分析法的KMO和Bartlett球形检验结果。本文KMO值为0.687，大于0.5，较为适合进行分析。Bartlett检验中显著性水平为0.000，这说明高管权力8个测度指标中存在共线性的问题。因此，本文有

必要对高管权力测度指标进行主成分分析法。

表3　　　　　　　　高管权力测度指标

高管权力测度指标	主成分			
	1	2	3	4
第一大股东持股比例	0.027	-0.149	0.144	0.933
董事会规模	0.867	0.030	0.006	-0.020
董事长与总经理兼任情况	-0.203	0.407	0.675	0.180
学历	-0.029	0.681	-0.361	0.162
职称	0.068	0.631	-0.466	0.166
是否在外兼职	-0.028	0.584	0.479	-0.254
内部董事比例是否过高	0.873	0.029	0.128	0.010
独立董事规模	0.925	0.031	0.055	0.008

按照主成分分析法提取主成分的基本准则，提取特征值大于1的高管权力测度指标为主成分，按照表3所示，本文提取了4个主成分。通过因子载荷与主成分得分之间的关系计算出4个因子得分，按照各个因子的方差贡献率占总方差贡献率的比重所确定的权重计算得到高管权力综合得分。

4. 控制变量

由于影响股价崩盘风险的因素很多，本文借鉴学者Kim等和许年行等的相关文献，选择衡量公司的财务杠杆资产负债率（LEV）、公司规模（SIZE），总资产收益率（ROA）、股票周特有收益率的年度平均值（RET）、股票周特有收益率的年度标准差（SIGMA）、控制了的虚拟变量行业（INDUSTRY）和年度（YEAR）等变量作为本文的控制变量[34-35]。为缓解内生性问题，解释变量、调节变量与控制变量采用滞后一期的值[36]。本文变量定义如表4所示。

表4　　　　　　　　各变量定义

变量类型	变量名称	符号	变量计算
被解释变量	股价崩盘风险	NCSKEW	负收益偏态系数，具体计算方法见公式（3）
		DUVOL	收益上下波动比率，具体计算方法见公式（4）
解释变量	内部控制质量	IC	迪博—中国上市公司内部控制指数

续表

变量类型	变量名称	符号	变量计算
调节变量	高管权力	POWER	根据前述主成分分析法计算的综合得分
	周收益率均值	RET	周特有收益率的年度平均值
	周收益率标准差	SIGMA	周特有收益率的年度标准差
	总资产收益率	ROA	公司净利润/总资产
控制变量	财务杠杆	LEV	期末负债/期末总资产
	公司规模	SIZE	期末总资产取对数
	股票换手率	BM	经趋势调整的股票换手率，当年换手率减去上年换手率
	行业哑变量	INDUSTRY	控制行业因素的影响，设15个行业虚拟变量
	年份哑变量	YEAR	控制年份因素的影响，设5个年度虚拟变量
	产权性质	SOE	最终控制人为国有，SOE=1；非国有，SOE=0

（三）实证模型

为检验内部控制、高管权力与股价崩盘风险之间的关系，本文参考已有学者许年行等的做法建立以下两个回归模型[37]。

为检验假设H1构建模型（5）：

$$Crash = \beta_0 + \beta_1 IC_{i,t-1} + \beta_2 ControlVariables_{i,t-1} + \varepsilon_{i,t-1} \quad (5)$$

为检验假设H2、H3构建模型（6）：

$$Crash_t = \gamma_0 + \gamma_1 IC_{i,t-1} + \gamma_2 Power_{i,t-1} + \gamma_3 (IC_{i,t-1} Power_{i,t-1}) + ControlVariables_{i,t-1} + \varepsilon_{i,t-1} \quad (6)$$

四、实证结果与分析

（一）变量的描述性统计

表5列示了本文主要变量的描述性统计结果，显示衡量股价崩盘风险的两个指标，即NCSKEW的均值和标准差分别为-0.343和1.016，DUVOL的均值和标准差分别为-0.311和0.796。这说明NCSKEW和DUVOL这两个指标在样本数据中存在较大差异。高管权力的均值是0.402，中位数是0.43，其他各变量的分布均在合理范围内。内部控制指数均值和中位数分别

为 0.657 和 0.682，数值相近，但是该指数最大和最小值相差甚远，表明我国上市公司内部控制信息质量存在较大差异，水平参差不齐。公司产权性质（SOE）均值为 0.522，标准差为 0.500，说明样本中国有上市公司与非国有上市公司的数量接近。总资产收益率（ROA）的最小值为 -1.495，最大值为 0.590，两者差异较大，说明我国上市公司收益水平存在差异。公司规模（SIZE）的标准差为 1.314，最大值为 28.509，最小值为 16.520，这些数值反映出样本公司的规模有着明显差异。资产负债率（LEV）等其他变量的描述性统计结果与已有文献基本相同。

表 5　　　　　　　　总体样本的描述性统计

变量	样本数	最小值	1/4 分位	平均数	中位数	3/4 分位	最大值	标准差
NCSKEW	6810	-4.809	-0.960	-0.343	-0.354	0.264	4.285	1.017
DUVOL	6810	-3.750	-0.821	-0.311	-0.321	0.180	2.848	0.796
IC	6810	0.000	0.631	0.657	0.682	0.715	0.995	0.135
POWER	6810	0.000	0.260	0.402	0.430	0.550	0.750	0.181
RET	6810	-0.026	-0.004	0.001	0.000	0.005	0.052	0.008
SIGMA	6810	0.020	0.039	0.055	0.049	0.065	0.191	0.022
ROA	6810	-1.495	0.014	0.040	0.035	0.065	0.590	0.061
LEV	6810	0.007	0.315	0.480	0.483	0.640	8.256	0.256
SIZE	6810	16.520	21.441	22.335	22.147	23.077	28.509	1.314
BM	6810	-8.383	-0.335	-0.037	0.147	0.446	1.000	0.684
SOE	6810	0.000	0.000	0.522	1.000	1.000	1.000	0.500

（二）回归分析

1. 验证内部控制与股价崩盘风险关系假设

表 6 显示了内部控制质量给股价崩盘风险带来的影响，目的是检验假设 H1。从表 6 中可以发现，在使用负收益偏态系数（$NCSKEW_t$）作为股价崩盘风险衡量标准时，内控（IC）系数为 -0.02414，内部控制与股价崩盘风险在 1% 水平上显著负相关。换成收益上下波动比率（$DUVOL_t$）作为衡量股价崩盘风险的标准时，除系数从 -0.2414 变更为 -0.2153 以外，回归结果保持不变。这意味着上市公司内部控制与股价崩盘发生呈负相关关系，

这与假设 H1 的预期是一致的。

表 6　　　　　　　　内部控制与股价崩盘风险回归结果

VARIABLES	NCSKEW$_t$	DUVOL$_t$
IC$_{t-1}$	-0.2414**	-0.2153***
	(-2.45)	(-2.82)
RET$_{t-1}$	17.6033***	14.0870***
	(9.23)	(9.54)
SIGMA$_{t-1}$	-0.6017	0.0170
	(-0.65)	(0.02)
ROA$_{t-1}$	0.6703***	0.4089**
	(3.04)	(2.40)
LEV$_{t-1}$	-0.0840	-0.1177***
	(-1.52)	(-2.74)
SIZE$_{t-1}$	0.0114	0.0281***
	(1.03)	(3.27)
BM$_{t-1}$	0.0013	0.0056
	(0.06)	(0.34)
Constant	-0.4686	-0.7119***
	(-1.55)	(-3.04)
YEAR	Control	Control
INDUSTRY	Control	Control
N	6810	6810
Adj-R^2	0.1127	0.1309

注：*、**、*** 分别代表在 0.1、0.05、0.01 的水平上显著。

2. 验证高管权力、内部控制与股价崩盘风险关系假设

表 7 报告了检验假设 H2 的回归结果。为了验证假设 H2，需要在模型中引入交互项 IC×POWER。表 7 中，无论是使用负收益偏态系数（NCSKEW）还是收益上下波动比率（DUVOL）作为股价崩盘风险衡量标准，内控（IC）系数 -0.7011 和 -0.5705 均在 1% 水平上显著为负，而交互项 IC×POWER 的系数均在 5% 水平上显著为正。这表明，随着高管权力的增长，内部控制对股价崩盘风险的影响会减弱，即高管权力弱化了内部控制

对股价崩盘风险的影响,支持本文假设 H2。

表 7　　高管权力、内部控制与股价崩盘风险回归结果

VARIABLES	NCSKEW$_t$	DUVOL$_t$
IC$_{t-1}$	-0.7011***	-0.5705***
	(-3.31)	(-3.48)
POWER$_{t-1}$	-0.6129*	-0.4625*
	(-1.92)	(-1.87)
IC$_{t-1}$×POWER$_{t-1}$	1.1734**	0.9069**
	(2.47)	(2.46)
RET$_{t-1}$	17.6961***	14.1633***
	(9.29)	(9.60)
SIGMA$_{t-1}$	-0.4791	0.1174
	(-0.52)	(0.16)
ROA$_{t-1}$	0.6638***	0.4032**
	(3.02)	(2.36)
LEV$_{t-1}$	-0.0901	-0.1223***
	(-1.63)	(-2.85)
SIZE$_{t-1}$	0.0126	0.0291***
	(1.14)	(3.39)
BM$_{t-1}$	-0.0011	0.0035
	(-0.05)	(0.22)
Constant	-0.2861	-0.5777**
	(-0.88)	(-2.30)
YEAR	Control	Control
INDUSTRY	Control	Control
N	6810	6810
Adj-R^2	0.1140	0.1323

注:*、**、***分别代表在 0.1、0.05、0.01 的水平上显著。

3. 验证产权性质的影响

本文为了证实假设 H3,把样本按照公司的产权性质进行分组,样本被分为国有样本组和非国有样本组。表 8 汇报了假设 H3 的回归结果,无论是用负收益偏态系数（NCSKEW$_t$）作为股价崩盘衡量标准还是用收益上下波动比率（DUVOL$_t$）作为标准，结果均显示在非国有样本组中，内部控制与高管权力的交互项 IC$_{t-1}$ × POWER$_{t-1}$ 虽然与股价崩盘风险呈现正相关关系，但是不存在显著性。然而在国有样本组中，内部控制与高管权力的交互项 IC$_{t-1}$ × POWER$_{t-1}$ 和股价崩盘风险呈显著正相关关系，尤其当负收益偏态系数（NCSKEW$_t$）作为股价崩盘风险的衡量标准时，交互项 IC$_{t-1}$ × POWER$_{t-1}$ 系数在1%的水平上显著为正。这说明，在国有上市公司中，高管权力的增加可能造成高管凌驾于内部控制制度之上的情况，内部控制制度未能发挥实际作用，从而弱化了内部控制对股价崩盘风险的抑制作用。在非国有企业中，这种影响并不明显。检验结果验证了假设 H3。

表8　　　　　　　　　　　产权性质的影响

VARIABLES	国有样本		非国有样本	
	NCSKEW$_t$	DUVOL$_t$	NCSKEW$_t$	DUVOL$_t$
IC$_{t-1}$	-1.0147***	-0.7928***	-0.2178	-0.1801
	(-3.74)	(-3.75)	(-0.64)	(-0.68)
POWER$_{t-1}$	-0.9747**	-0.6150*	-0.0826	-0.1799
	(-2.33)	(-1.89)	(-0.17)	(-0.47)
IC$_{t-1}$ × POWER$_{t-1}$	1.6086**	1.0815**	0.4464	0.5085
	(2.57)	(2.21)	(0.61)	(0.90)
RET$_{t-1}$	20.8804***	17.6916***	14.3307***	10.3388***
	(7.26)	(7.89)	(5.44)	(5.11)
SIGMA$_{t-1}$	-0.9237	-0.5647	0.6406	1.4744
	(-0.68)	(-0.53)	(0.50)	(1.50)
ROA$_{t-1}$	1.5344***	1.0196***	-0.1716	-0.1581
	(4.67)	(3.98)	(-0.56)	(-0.67)
LEV$_{t-1}$	-0.0055	-0.0834	-0.2292**	-0.2026***
	(-0.08)	(-1.50)	(-2.47)	(-2.85)
SIZE$_{t-1}$	-0.0101	0.0101	0.0687***	0.0671***
	(-0.71)	(0.91)	(3.48)	(4.42)
BM$_{t-1}$	-0.0194	-0.0057	-0.0012	0.0034
	(-0.62)	(-0.24)	(-0.04)	(0.15)

续表

	国有样本		非国有样本	
VARIABLES	NCSKEW$_t$	DUVOL$_t$	NCSKEW$_t$	DUVOL$_t$
Constant	0.4035	0.0593	-1.2856**	-1.2315***
	(0.74)	(0.14)	(-2.40)	(-2.99)
YEAR	Control	Control	Control	Control
INDUSTRY	Control	Control	Control	Control
N	3558	3558	3252	3252
Adj-R^2	0.1179	0.1135	0.1239	0.1707

注：*、**、*** 分别代表在0.1、0.05、0.01的水平上显著。

（三）稳健性检验

为了增强研究结果的稳健性，本文对调节变量POWER采用新的方式重新计量。参考已有学者周虹等对高管权力的衡量方式[38]，本文采用8个指标测度高管权力（POWER），包括第一大股东持股比例、董事会规模、董事长与总经理兼任情况、学历、职称、是否在外兼职、内部董事比例是否过高和独立董事规模。对这8个衡量指标相加取平均值，作为衡量高管权力强度的综合指标，记为POWER1。表9结果显示，更换了POWER的衡量标准后，调节变量依旧在1%的水平上与股价崩盘风险衡量指标收益上下波动比率（DUVOL$_t$）显著相关，在5%的水平上与负收益偏态系数（NCSKEW$_t$）显著相关。回归结果和前文保持一致性。

表9　　　　稳健性检验回归结果

VARIABLES	DUVOL$_t$	NCSKEW$_t$
IC$_{t-1}$	-0.6219***	-0.7301***
	(-3.64)	(-3.31)
POWER1$_{t-1}$	-0.4157**	-0.4982*
	(-2.03)	(-1.89)
IC$_{t-1}$ × POWER1$_{t-1}$	0.8130***	0.9771**
	(2.66)	(2.48)
RET$_{t-1}$	14.1582***	17.6894***
	(9.59)	(9.28)

续表

VARIABLES	DUVOL$_t$	NCSKEW$_t$
SIGMA$_{t-1}$	0.0935	-0.5091
	(0.13)	(-0.55)
ROA$_{t-1}$	0.4076**	0.6687***
	(2.39)	(3.04)
LEV$_{t-1}$	-0.1205***	-0.0874
	(-2.81)	(-1.58)
SIZE$_{t-1}$	0.0287***	0.0121
	(3.34)	(1.09)
BM$_{t-1}$	0.0034	-0.0013
	(0.21)	(-0.06)
Constant	-0.5458**	-0.2701
	(-2.15)	(-0.82)
YEAR	Control	Control
INDUSTRY	Control	Control
N	6810	6810
Adj-R^2	0.1325	0.1141

注：*、**、***分别代表在0.1、0.05、0.01的水平上显著。

五、研究结论与启示

本文主要研究内部控制质量是否影响上市公司股价崩盘风险，以及高管权力对内部控制质量与股价崩盘风险之间相关关系的影响。同时，根据上市公司产权性质进行分组，考察不同产权性质公司的高管权力对过度投资与股价崩盘风险关系的影响的区别。基于国泰安（CSMAR）数据库中我国上市公司2012—2016年连续5年的相关数据，最终筛选出6810个样本数据作为研究样本，使用Stata 14作为验证工具，对本文提出的三个假设进行检验。同时，为确保结果的可靠性，还进行了稳健性检验。研究结果表明：（1）内部控制与股价崩盘风险之间存在显著的负相关关系，这意味随着内部控制质量提高，股价崩盘风险会显著降低；（2）内部控制与股价崩盘风险的负相关关系受到高管权力的影响，高管权力的提高弱化了内部控制对股价崩盘风险的抑制作用；（3）相比非国有公司，高管权力对国有上市公司中内部控制与股价崩盘风险关系的影响作用更大。综上所述，内部控制是抑制公司股价崩盘风险的重要因素之一，可是高管权力却弱化了两者的负相关关系。

研究结果表明，股价崩盘风险受到内部控制的影响。这有助于我们更加全面地了解内部控制如何对公司又好又快发展和稳定资本市场起到重要作用。本文将高管权力和内部控制所造成的经济后果与股票市场的稳定性相联系，为处于剧烈波动的我国股市提供减少股价崩盘风险的新途径，从内部控制和高管权力的角度出发寻找稳定股市的新措施。建议上市公司在建立健全内部控制体系的同时，也要注重对高管的监督，避免高管权力过于集中，影响内部控制效应的发挥。此外，国有公司改革是必要的，改革后的国企可以更好地降低高管权力，把内部控制制度落到实处，防范和化解股价崩盘风险。

参考文献

［1］［20］Jin L, Myers S C. R^2 Around the world: New Theory and New Tests ［J］. Journal of Financial Economics, 2006, 79 (2): 257 – 292.

［2］［17］Hutton A P, Marcus A J, Tehranian H. Opaque Financial Reports, R^2, and Crash Risk ［J］. Journal of Financial Economics, 2009, 94 (1): 67 – 86.

［3］佟孟华, 艾永芳, 孙光林. 公司战略、大股东持股以及股价崩盘风险 ［J］. 当代经济管理, 2017 (10): 73 – 80.

［4］田昆儒, 孙瑜. 非效率投资、审计监督与股价崩盘风险 ［J］. 审计与经济研究, 2015 (2): 43 – 51.

［5］王蕊, 宋玉. 我国机构投资者持股对股价崩盘有影响吗 ［J］. 财会月刊, 2016 (8): 114 – 119.

［6］An H, Zhang T. Stock price synchronicity, crash risk, and institutional investors ［J］. Journal of Corporate Finance, 2013, 21 (1): 1 – 15.

[7] 罗进辉, 杜兴强. 媒体报道、制度环境与股价崩盘风险 [J]. 会计研究, 2014 (9): 53-59, 97.

[8] 肖土盛, 宋顺林, 李路. 信息披露质量与股价崩盘风险: 分析师预测的中介作用 [J]. 财经研究, 2017 (2): 110-121.

[9] 许年行, 江轩宇, 伊志宏, 等. 分析师利益冲突、乐观偏差与股价崩盘风险 [J]. 经济研究, 2012 (7): 127-140.

[10] 彭旋, 王雄元. 客户信息披露降低了企业股价崩盘风险吗 [J]. 山西财经大学学报, 2016 (5): 8, 69-79.

[11] 郭泽光, 敖小波, 吴秋生. 内部治理、内部控制与债务契约治理——基于 A 股上市公司的经验证据 [J]. 南开管理评论, 2015 (1): 45-51.

[12] 钟凯, 程小可, 姚立杰. 内部控制信息披露与控股股东掏空——中国版"萨班斯"法案的实施效果 [J]. 中国软科学, 2014 (9): 103-116.

[13] 肖华, 张国清. 内部控制质量、盈余持续性与公司价值 [J]. 会计研究, 2013 (5): 73-80, 96.

[14] 杨七中, 马蓓丽. 权力强度、内部控制与大股东掏空行为抑制 [J]. 山西财经大学学报, 2015 (7): 47-59.

[15] [30] 周晓苏, 陈沉, 吴锡皓. 会计稳健性、内部控制与投资效率——来自我国 A 股市场的经验证据 [J]. 山西财经大学学报, 2015 (11): 104-112.

[16] Jun Chen, Kam C. Chan, Wang Dong, Feida Zhang. Internal Control and Stock Price Crash Risk: Evidence From China [J]. European Accounting Review, 2016, 26 (1): 125-152.

[18] Bleck A, LIU X. Market Transparency and the Accounting Regime [J]. Journal of Accounting Research, 2007, 45 (2): 229-256.

[19] [34] Kim J B, Li Yh, Zhang L D. Corporate Tax Avoidance and Stock Price Crash Risk: Firm-level Analysis [J]. Journal of Financial Economics,

2011, 100: 639 - 662.

[21] 王超恩, 张瑞君. 内部控制、大股东掏空与股价崩盘风险 [J]. 山西财经大学学报, 2015 (10): 79 - 90.

[22] Ashbaugh - Skaife Hollis, Daniel W. Collins, William R. Kinney, R. Lafond. The Effect of SOX Internal Control Deficiencies and Their Remediation on Accrual Quality [J]. The Accounting Review, 2008, 83 (1): 217 - 250.

[23] 叶康涛, 曹丰, 王化成. 内部控制信息披露能够降低股价崩盘风险吗? [J]. 金融研究, 2015 (2): 192 - 206.

[24] [25] [26] 张正勇, 谢金. 高管权力、内部控制与公司价值 [J]. 南京审计学院学报, 2016 (2): 21 - 30.

[27] 郭军, 赵息. 高管权力、制度环境与内部控制缺陷 [J]. 系统工程, 2016 (7): 73 - 77.

[28] 刘启亮, 罗乐, 张雅曼, 等. 高管集权、内部控制与会计信息质量 [J]. 南开管理评论, 2013 (1): 15 - 23.

[29] [35] [37] 许年行, 于上尧, 伊志宏. 机构投资者羊群行为与股价崩盘风险 [J]. 管理世界, 2013 (7): 31 - 43.

[31] 黄政, 钟廷勇, 刘怡芳. 内部控制质量、信息透明度与股价信息含量 [J]. 中南财经政法大学学报, 2017 (3): 14 - 23, 158 - 159.

[32] 权小锋, 吴世农, 文芳. 管理层权力、私有收益与薪酬操纵 [J]. 经济研究, 2010 (11): 73 - 87.

[33] 刘焱, 姚海鑫. 高管权力、审计委员会专业性与内部控制缺陷 [J]. 南开管理评论, 2014 (2): 4 - 12.

[36] 何孝星, 叶展. 股权激励、代理冲突与股价崩盘风险——基于中国资本市场的经验证据 [J]. 吉林大学社会科学学报, 2017 (5): 15 - 25, 202.

[38] 周虹, 李端生. 高管团队异质性、CEO 权力与企业内部控制质量 [J]. 山西财经大学学报, 2018 (1): 83 - 95.